5.-13. Schuljahr

Eckhard Berger

Die große Graffitischule

Geschichte • Hintergründe • Projekte

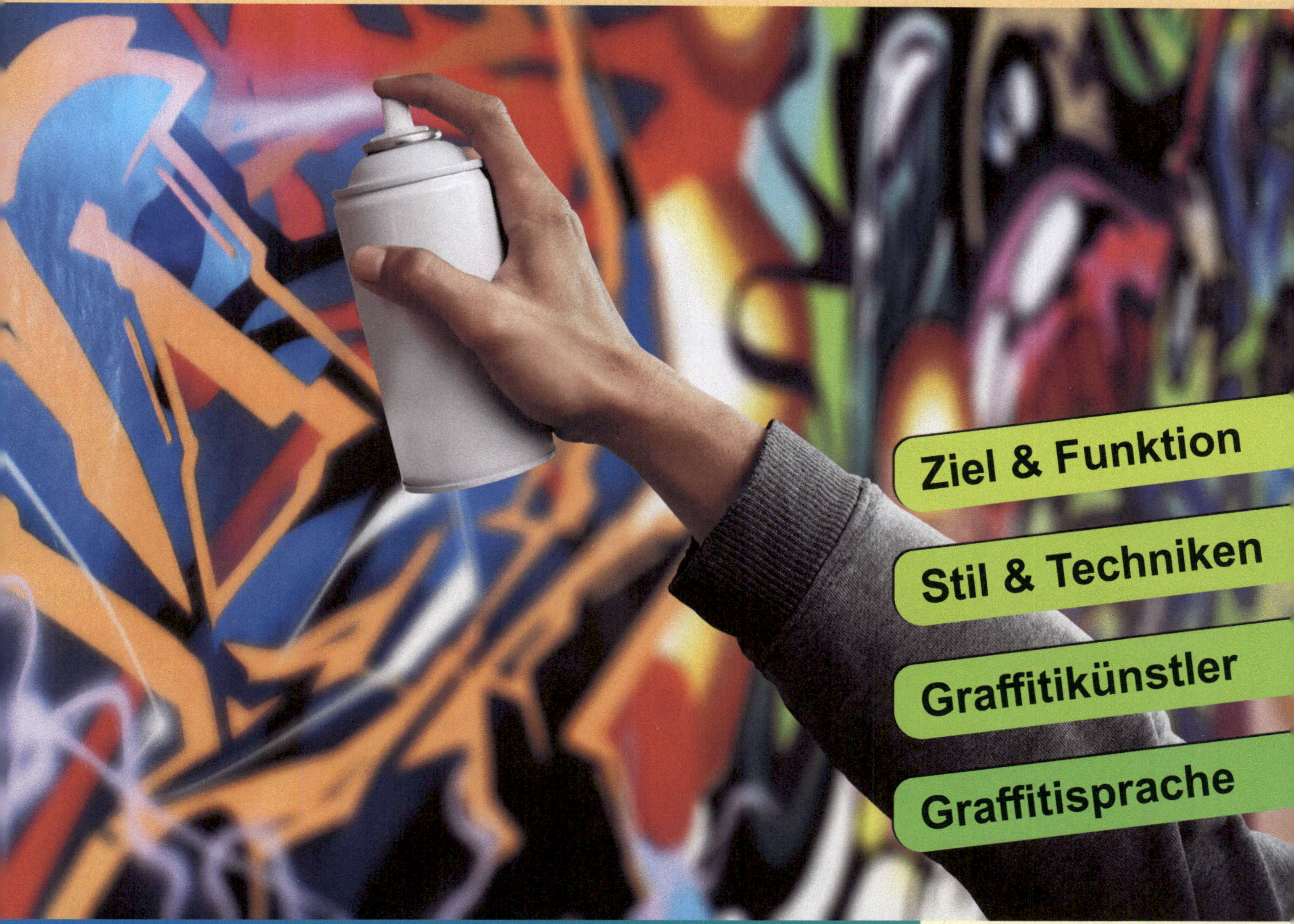

- Ziel & Funktion
- Stil & Techniken
- Graffitikünstler
- Graffitisprache

Ein Praxisband mit tollen Aufgaben, Graffitiaktionen, Tipps, Tricks & mehr ...

www.kohlverlag.de

Die große GRAFFITISCHULE

Ein Praxisband

2. Auflage 2024

Idee & Text: Eckhard Berger
Grafische Gestaltung: Barbara & Eckhard Berger
Satz: Kohl-Verlag
Fotos: Archiv teamberger, Barbara Berger, AdobeStock.com, INTHECUT. LuckyWalls
Druck: Elanders Druck GmbH, Waiblingen

Bestell-Nr. 12 798

ISBN: 978-3-98558-194-8

Bildquellen (alle AdobeStock.com):
Andy Mac; n Stanisa Martinovic; michelisola; Alexandr Zinchevici; Alexander Vakin; Atelier Knox; Mike McDonald; Rorius; viperagp; rachid amrous; paultridon; pakpong pongatichat; vanzyst; parallel_dream; PicsArt; vanzyst; sarawut795; mehaniq41; pakpong pongatichat; alex_bond; LIGHTFIELD STUDIOS; Photojope; miss_mafalda; balabolka; Vecster; badsyxn; rosovskyi; Anton Kustsinski; MindGem; Yevhen; Wayhome Studio

Inhalt

DIE GROSSE GRAFFITISCHULE
Geschichte • Hintergründe • Projekte – Bestell-Nr. 12 798

Vorwort

Die große Graffitischule ist als Standardwerk für die Sekundarstufe mit einem umfassenden Wissen und ausgewählten Abbildungen mit zahlreichen kreativen Erarbeitungs- und Praxisaufgaben zu dem bei Schülerinnen und Schülern sehr beliebten, populären und spannenden Thema **Graffiti** geschaffen.
Es ist für den modernen Kunstunterricht, die Kurse, Arbeitsgemeinschaften und Projekte in der Sekundarstufe nach einem besonders lernstarken, nachhaltigen Konzept entwickelt worden.

Die große Graffitischule bietet
- Graffiti als Kunstform und ihre Bedeutung
- schnell und leicht umsetzbare Ideen und Tipps für die Unterrichtsgestaltung
- die grundlegenden Merkmale für Graffiti, zusätzlich Streetart und Urban Art
- Wissen zu Tags, Throw Ups, Pieces, Styles und mehr
- Überblick zur Entstehung und Geschichte
- Wissen zur aktuellen Szene
- Unterscheidungsmerkmale zwischen den Graffitiarten
- einführende und weiterführende kreative Theorie- und Praxisaufgaben
- Projekte und Aktionen, die Spaß machen
- eindeutige, erfolgreiche Schritt-für-Schrittanleitungen
- Gebrauchsanweisungen für den Umgang mit Arbeitsmaterialien und -mitteln
- Tipps für schnell umsetzbare Sicherheitsmaßnahmen
- Einführung in die internationale Graffitisprache
- Lexikon der bedeutendsten Künstler der internationalen Szene

Die große Graffitischule kann direkt in der Praxis eingesetzt werden. Die eindeutigen Zeichen geben schnell und zielführend nützliche Orientierungshilfen.

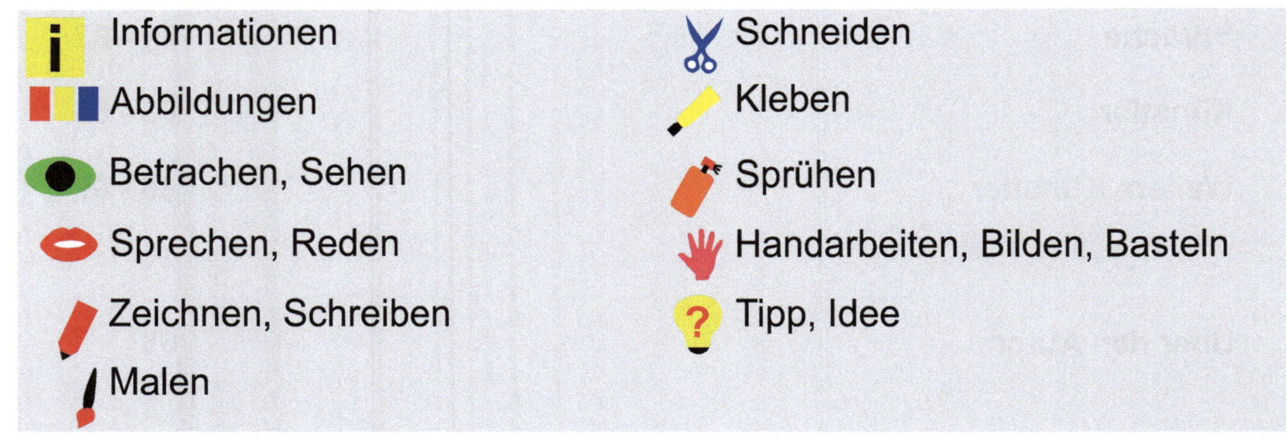

Viel Spaß, Freude und Erfolg mit **Die große Graffitischule** wünschen der

Kohl-Verlag und ***Eckhard Berger***

Empfehlung: **Das große Graffiti-Schulmalbuch**
mit Aufgaben zum Anmalen und Weitergestalten

Mehr Informationen, Empfehlungen und Tipps: *www.kohlverlag.de und www.teamberger.de*

Graffiti

i

Graffiti ist ein Sammelbegriff für inhaltlich und stilistisch sehr unterschiedliche Darstellungen mit zumeist farbigen Bildern, Schriften oder Zeichen in allen Größen hauptsächlich im öffentlichen, aber auch im privaten Bereich.
Es gibt viele Arten von Graffitis. Sie sind an vielen immobilen und mobilen Stellen besonders in den Städten zu finden, zum Beispiel an Hauswänden, in Innenräumen, an unbewohnten Gebäuden, an Bahnhöfen, an Bushaltestellen, an Türmen, in Tunnel, an Brücken, an Schallschutzwänden, an Zügen, an U-Bahnen, an Straßenbahnen, an Autos, an Lastkraftwagen, an Schiffen und an Flugzeugen.
Das Hauptarbeitsmittel der Hersteller, der Sprayer oder Sprüher, sind die Spraydosen. Ihr Anliegen ist, ihre Meinung darzustellen, ihr Können zu zeigen und Anerkennung zu finden.

Die Graffitis werden illegal und legal gefertigt, zum Beispiel als Auftragsarbeit.

DIE GROSSE GRAFFITISCHULE
Geschichte • Hintergründe • Projekte – Bestell-Nr. 12 798

Graffitis werden anerkannt oder nicht anerkannt. Dort, wo sie unerlaubt entstehen, werden sie gelegentlich als Schmiererei oder Vandalismus abgetan. Grundsätzlich ist der Tatbestand von Sachbeschädigung erfüllt, wenn eine ausdrückliche Genehmigung nicht vorliegt. Eine Anzeige mit einer Strafe folgt. In vielen Städten gibt es aber Flächen, auf denen die Gestaltung erlaubt ist. Auf jeden Fall sind Graffitis eine künstlerische Ausdrucksform, die sich in den letzten 40 Jahren zu einer Kunstrichtung entwickelt haben und Städte und Umgebung prägen. Ihr Stil beeinflusst zunehmend Kunststile der Gegenwart und die Mode-, Werbe- und Designbranche. Bezüge zur Kalligraphie und abstrakten Kunst sind immer wieder zu entdecken.
1972 wurde die **United Graffiti Artists** (UGA) gegründet, die die Anerkennung der Graffitis als Kunst maßgeblich förderte, sodass sie zunehmend in Museen und Galerien gezeigt wurden. Viele Künstler haben sich international einen Namen gemacht, zum Beispiel **Banksy**, **Daim**, **Seen**, **Gérard Zlotykamien** und **Blek le Rat**. Ein Werk von Banksy wurde im Londoner Auktionshaus **Christie' s** für die Rekordsumme von etwa 19,5 Millionen Euro versteigert. Auch privat erhalten sie Aufträge. Der Kunstsammler **Gunter Sachs** ließ die Innenräume seiner Villa in der Schweiz im Graffitistil gestalten. Die Agentur **LuckyWalls** mit dem Künstler und Inhaber **Peter Stöcker** (Foto links: Peter Stöcker, Eckhard Berger) führt bei einer steigenden Nachfrage international Aufträge aus.

- Vervollständige den Satz: Graffiti ist ein Sammelbegriff für

____

____

- An welchen Stellen sind Graffitis zu finden.
- Wo hast du Graffitis gesehen? Beschreibe ihren Inhalt.
- Welches Anliegen haben die Künstler?
- Beschreibe den Einfluss des Graffitistils.
- Welche 1972 gegründete Einrichtung förderte die Anerkennung von Graffitis als Kunst maßgeblich?
- Nenne Namensbeispiele von international bekannten Künstler.

Zeichne ein Graffiti, das du einmal gesehen hast.

KOHL VERLAG Lernen mit Erfolg
DIE GROSSE GRAFFITISCHULE
Geschichte • Hintergründe • Projekte – Bestell-Nr. 12 798

Begriff Graffiti

Graffiti stammt von dem italienischen Wort **graffito**. Sein Ursprung ist in der griechischen Sprache bei **γράφειν** (graphein) mit der Bedeutung **Schrift** und **Zeichnung** zu finden.
Graffito meint eigentlich Schraffur, die in einen Stein geritzte **Schrift** und das **Ornamentale** und **Figürliche**.
Heute ist als Plural nach dem Duden **Graffiti** und **Graffitis** erlaubt.
In der DDR wurde der Begriff durch **Rapschrift** ersetzt und als ein Teil der **Hip-Hop-Kultur** vereinfacht erklärt.
Der italienische Archäologe **Raffaele Gariucci** benutzte das Wort erstmals in seinem Buch **Graffiti de Pompéji** von 1865, in dem er über Kritzeleien an Hauswänden in Pompeji berichtete.

- Von welchem italienischen Begriff stammt **Graffiti**?
- Nenne den griechischen Vorläuferbegriff.
- Welche Bedeutung hatte er?
- Wie heißt der Staat, in dem **Rapschrift** angewandt wurde?
- Welcher Archäologe benutzte erstmals den Begriff **Graffiti**?

KOHL VERLAG
DIE GROSSE GRAFFITISCHULE
Geschichte • Hintergründe • Projekte – Bestell-Nr. 12 798

Male das Wort mehrfarbig an.

Geschichte

i

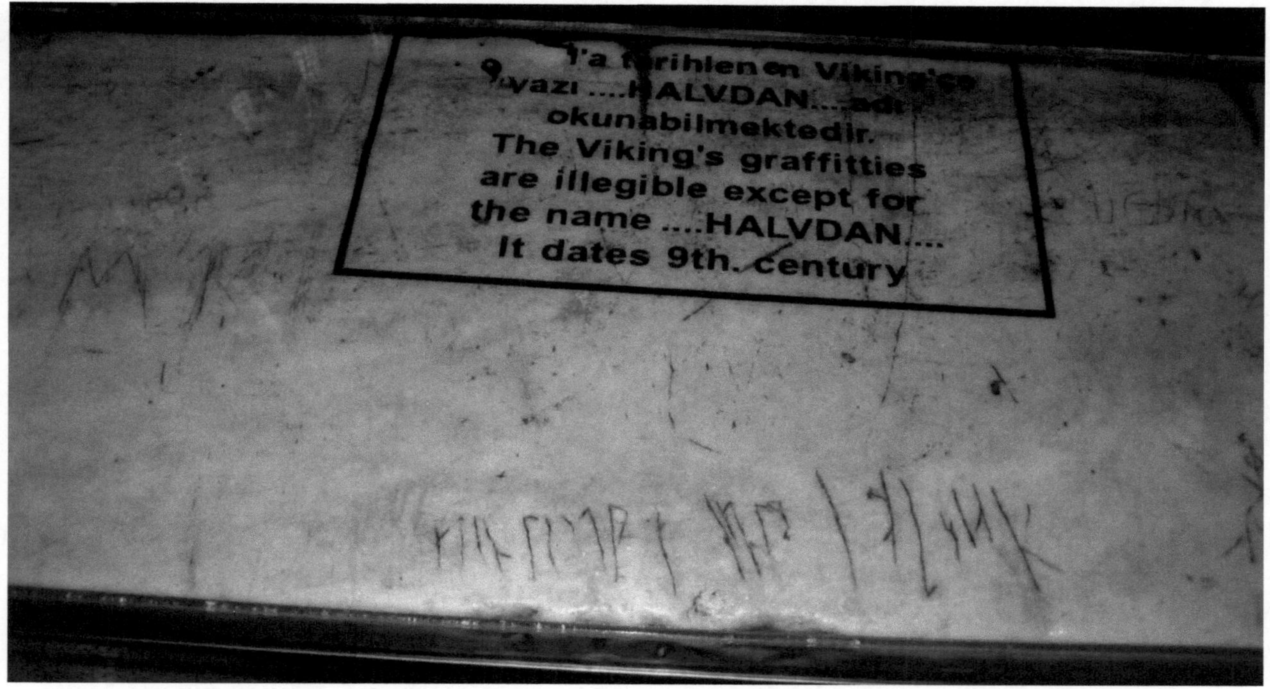

Die ersten Graffitis fanden Archäologen wiederholt aus der Zeit des **Alten Ägyptens** (2707 - 2216 v. Chr.) als private gekratzte Inschriften an Tempeln, in Gräbern, an Felsen und Statuen. Themen waren beispielsweise Gebete. Segenswünsche und Bitten an die Götter. Graffitis kamen bis zum 5. Jahrhundert nach Christi Geburt in dieser Region vor.
Auch die Römer kannten diese Form der Mitteilung. Aus den Städten **Pompeji** und **Herculaneum**, die durch einen Vulkanausbruch des **Vesuvs** 79 n. Chr. untergegangen waren, sind in Wände eingeritzte Beispiele über alltägliche Situationen bekannt. In den Stadien wurden Gladiatorenkämpfen dargestellt. Ähnliche in griechischer und lateinischer Sprache verfasste Schriften entstanden in den griechischen Städten **Ephesos** und **Aphrodisias**.
Auch die Wikinger kannten Graffitis. Beispiele liefern die Runen des Wikingers **Halvdan** an der **Hagia Sophia** in Istanbul aus dem 9. Jahrhundert (Foto) und die Inschriften in einem Grab auf den Orkney-Inseln.
Im Mittelalter entstanden Graffitis als Ritzungen auf feuchtem oder trockenem Putz in Kirchen und Burgen in Frankreich, England und im Nahen Osten. Die Arbeitsmittel waren Messer, Dolche, Nägel, Nadeln oder Scheren und Farben, Holzkohle, Kreide, Rötel und Bleistift. Darstellungen waren zumeist christliche Inhalte. Der Mönch **Felix Fabri** stellte am Ende des 15. Jahrhunderts seine Reisen ins Heilige Land als Ritzungen dar.
Künstler in den Niederlanden des 17. Jahrhunderts, zu denen **Hendrick Avercamp**, **Pieter Saenredam** und **Emanuel de Witte** gehörten, gestalteten ihre Unterschrift an den Wänden oft so, dass sie wie Graffitis aussahen.
Der Spruch „A(nno) 1635 den 6t Sppt hat sich das Sauff angehebt und alle Tag eine Rausch gebene bis aùf den 26te" ist als Ritzgraffiti auf einem Glas nach einem Trinkgelage auf der Riegersburg in der Steiermark während des Dreißigjährigen Krieges entstanden.

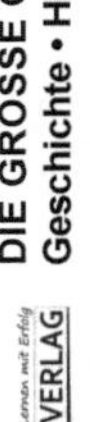

Im frühen 19. Jahrhundert bereiste der aus Wien stammende **Josef Kyselak** das österreichisch-ungarische Staatsgebiet und hinterließ zahlreich an Mauern, Felswänden und kaiserlichen Gebäuden seine Signatur **Kyselak** oder **Kislak**. Die Gründe waren möglicherweise neben Geltungsdrang Liebeskummer. Bei einer Audienz beim Kaiser wurde er aufgefordert, es zu unterlassen.
Gegen 1830 brachten hauptsächlich Straßenjungen in Paris Graffitis an Wänden und Brücken an.
Im 19. und anfänglichen 20. Jahrhundert schrieben und kritzelten Studenten Sprüche und Bilder an die Wände von Karzern.
Etwa seit 1930 entwickelte sich in den USA die **Ganggraffitis**, Graffitis von Gangs, die ihre Blütezeit zwischen 1970 und 1990 hatte und heute noch gepflegt werden.

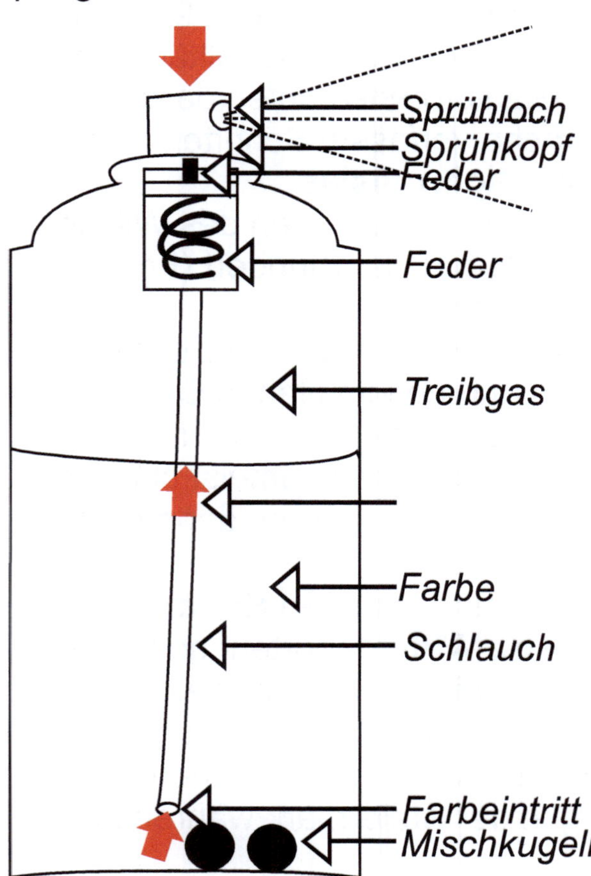

1943 gestaltete die Widerstandsgruppe **Weiße Rose** mit den Mitgliedern **Hans Scholl**, **Alexander Schmorell** und **Willi Graf** Schablonengraffitis gegen das nationalsozialistische System in Deutschland an Hauswänden und Mauern in München. Sie benutzten dafür Teer- und Ölfarbe und Pinsel. Eine ihrer Botschaften war „Nieder mit Hitler“.
Der chinesische Revolutionär, Politiker und Staatspräsident **Mao Tsetung** schuf in der Universität in Changsa ein aus 4000 Zeichen bestehendes Graffiti als Schmähschrift über seine Lehrer und die gesellschaftlichen Verhältnisse.
Mit der Erfindung der Sprühdose durch den Amerikaner **Edward Seymour** 1949 entstanden ganz neue Gestaltungsmöglichkeiten für das Graffiti.

Der griechischstämmige Pizzalieferant **Taki** sprayte auf seinen Auslieferungsfahrten durch New York an zahlreiche Haustüren und Bushaltstellen sein Namenskürzel **Taki 183**.

TAKI 183

Er fand sehr bald Anhänger, die ihn vielfach nachahmten.

In den 1960er Jahren kamen vermehrt **politische Graffitis** auf. Häufig waren an Wänden in der Öffentlichkeit Friedenszeichen und -symbole zu sehen. Zwischen 1970 und 1990 waren es hauptsächlich die Punks, die öffentlich ihre Pseudonyme kritzelten. Das Zentrum war Amsterdam.
Klassische Styles entstanden zwischen 1970 und 1985 von **Seen**, **Iz de Witz** und **Dondi** in New York und Philadelpia.
Von 1983 bis 1985 entwickelte sich eine europäische Szene in den Metropolen Amsterdam, Paris, München und Berlin mit abstrakten und unkonventionellen Buchstaben. Der **3-D-Style** kam auf. Hauptvertreter waren **DAIM** und **Loomit**. Europa beeinflusste allmählich weltweit die Graffitiszene. In Osteuropa, Asien und Südamerika entstanden neue Szenen. Ab 2000 wurden Stile und Techniken kombiniert und verfeinert.

- Aus welcher Zeit stammen die ersten Graffitis?
- Berichte von den Graffitiinhalten der Städte **Pompeji** und **Herculaneum**.
- Welche Künstler gestalteten ihre Unterschrift im Graffitistil?
- Setze die richtige Jahreszahl und die richtigen Begriffe ein:

_____ entwickelte sich in den _____ die ____________, Graffitis von Gangs.

- In welcher Zeit kamen politische Graffitis auf?
- Zähle die Metropolen auf, in denen sich die europäische Szene von 1983 bis 1985 entwickelte.

KOHL VERLAG

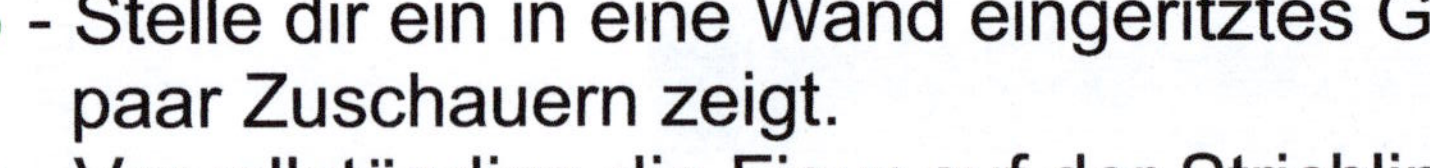

- Stelle dir ein in eine Wand eingeritztes Grafitti in Pompeji oder Herculaneum vor, das einen Gladiatorenkampf mit ein paar Zuschauern zeigt.
- Vervollständige die Figur auf der Strichlinie und zeichne die Szene im Kritzelstil weiter.

Style-Writing

Es gibt viele verschiedene Arten von Graffitis, die sich nicht immer eindeutig abgrenzen lassen. Manche Graffitis können auch zwei Arten zugerechnet werden.
Style-Writing oder **Writing** ist als Art am meisten verbreitet. Bei ihr sind Buchstaben, Wörter und Zahlen zum Teil in umgestalteter Form der vorherrschende Bildinhalt.
Die Hersteller, **Writer**, haben einen künstlerischen Anspruch, wollen einzigartig, innovativ und bekannt sein. Ein guter Ruf in der Graffitiszene ist ihnen wichtig. Zumeist versehen sie ihr Werk mit ihrem Pseudonym. Bekannt sind **Loomit**, **DAIM**, **Dare** und **Darco**.
Writing ist ein Teil der **Hip-Hop-Kultur**, die ihre eigentlichen Ursprünge in den 1970er Jahren in den New Yorker Ghettos hatte.
Auf dem weltweit größten Wettbewerb **Writing4Gold** treten viele Künstler zunächst in nationalen und später in internationalen Runden gegeneinander an, um den Besten herauszufinden.
Writer und Gruppen stehen oft in Konkurrenz zueinander. So beanspruchen sie ganze Ortsteile, Gebäudegruppen, Wände, Gänge, Straßenseiten und Verkehrsmittel für sich und ihre Arbeit exklusiv. Fremde Graffitis werden konsequent verändert oder übermalt.

- Beschreibe den Hauptinhalt von Style-Writings.
- In welcher kulturellen Bewegung hat sie ihren Ursprung?
- Was ist ihren Writern wichtig?
- Auf welchem Wettbewerb messen sich die Writer?
- Informiere über das Konkurrenzverhalten zwischen Writern und Gruppen.

- Zeichne die Buchstaben der Wortes **PARTY** weiter.
- Überlege dir eine Farbwahl und male die Buchstaben an.

Gestalte ein anderes Wort mit fantasievollen Buchstaben auf einem Zeichenblockblatt. Benutze Pinsel und Tuschfarben.

POWER OF LOVE

Stencil

Stencil ist der englische Begriff für **Schablone** und meint **Schablonenkunst**. Der weniger benutzte Begriff aus der französischen Sprache ist **Pochoir**. Es ist die Bezeichnung für eine Graffitiart, die mit Schablonen hergestellt wird, zum Beispiel **Banksys** Bild mit der fotografierenden Ratte (Foto).
Der Ursprung geht auf die Punkkultur in den 1970er Jahren zurück. Bekannt gemacht hatte **Blek de Rat** die Technik. Er übernahm das Verfahren aus Italien, wo es sehr häufig für politische Propagandazwecke eingesetzt wurde. Viele Künstler begeisterte er, zum Beispiel **Banksy** und **Nemo John Fekner**. Sie wählten auch das Verfahren für ihre Bildideen.
Die dafür benötigte Schablone wurde zumeist aus laminiertem Papier, Pappe, Kunststoff, Holz oder dünnem Metall hergestellt. Für ein mehrfarbiges Motiv wurden entsprechend mehrere Schablonen eingesetzt. Sie wurden an die Wand gehalten, sodass ihre freien Flächen mit Farbe aus der Spraydose oder mit einem Pinsel gefüllt werden konnten. Vielfach konnte so das Motiv wiederholt werden.

- Erkläre die Begriffe **Stencil** und **Pochoir**.
- Nenne bekannte Künstler, die das Verfahren benutzten.
- Wo hatte es seinen Ursprung?
- Beschreibe es.

DIE GROSSE GRAFFITISCHULE
KOHL VERLAG

Nach dieser Anleitung ist es leicht, für das Stencilverfahren eine Schablone anzufertigen.

- Zeichne auf ein Papierblatt der Größe DIN A4 den Umriss eines einfachen Motivs oder wähle eines der hier vorgegebenen Motive.

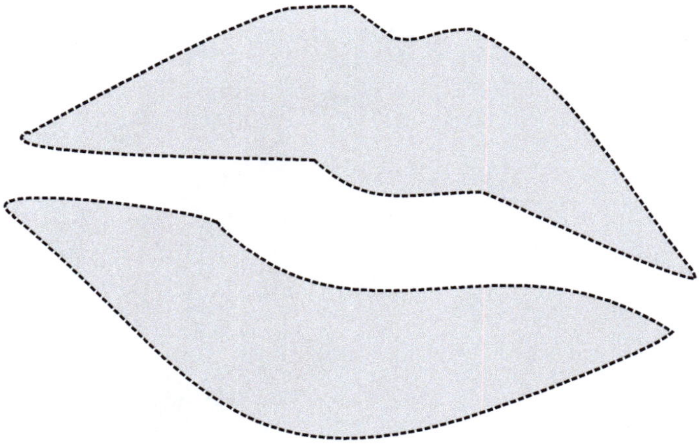

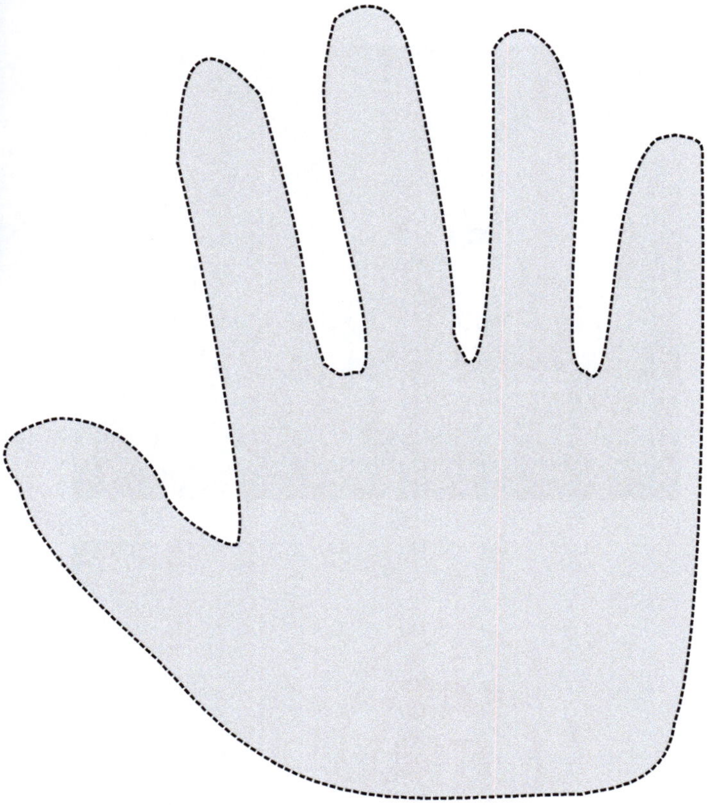

- Packe das Blatt Papier in eine passende Laminierfolie und verschließe es mit einem Laminiergerät (Foto).
- Schneide das Motiv mit Hilfe eines Messers oder einer Schere genau aus.
- Lege die Form auf eine Unterlage aus Papier, Kunststoff oder Holz auf den Boden oder an eine Wand.
- Mit Graffitifarben aus der Spraydose im Freien, mit Sprühkreide oder einem Borstenpinsel und Tuschfarben kannst du das Motiv beliebig oft darstellen. Wähle bei Benutzung eines Pinsels die Stupstechnik.

Weil das Papierblatt laminiert ist, liegt es besser auf dem Untergrund und wellt sich nicht bei dem Kontakt mit der feuchten Farbe.

LET
me
FLY
away

ENGLAND

Scratching

Scratching bedeutet bezeichnet **Kratzen**. Geplant wird in Glas-, Plastik- oder Farboberflächen im öffentlichen Raum mit Steinen, Glasscherben, Sandpapier, Messern, Nägeln, Scheren oder harten, spitzen Gegenständen geritzt. Es sind gegenständliche, musterhafte oder freie Inhalte. Das Ergebnis wird als **Kratzgraffiti** oder **Scratchiti** bezeichnet. Besonders betroffen sind die Fensterscheiben der Züge, U-Bahnen, Straßenbahnen und Busse. Oft sind die Scheiben so intensiv bearbeitet, dass das Hinausschauen kaum möglich ist.
Diese Graffitiart kam in der Mitte der 1990er Jahre in vielen öffentlichen Verkehrsmitteln auf. Besonders häufig war sie in Berlin und bald in Hamburg zu sehen.
Unerlaubtes Scratching gilt als Sachbeschädigung und wird bestraft.

- Erkläre **Scratching**.
- In welcher Zeit entstand die Graffitiart?
- In welchen Verkehrsmitteln wurde sie angewandt?
- Kreuze die richtigen Begriffe für das Ergebnis von **Scratching** an.

( ) Kratzgraffiti	( ) Ritzaktion
( ) Scratchiti	( ) Kratzkunst

Probiere das **Scratching** aus, indem du Muster oder Fantasieinhalte auf eine Kunststoffplatte oder lackierte Holzplatte im Format DIN A4 kratzt. Benutze spitze Werkzeuge, zum Beispiel Schere, Messer, Schrauben, Nägel oder Steinsplitter.

DIE GROSSE GRAFFITISCHULE
Geschichte • Hintergründe • Projekte – Bestell-Nr. 12 798

Weitere Graffitiarten

i

Politische Graffitis sind künstlerisch weniger anspruchsvoll und beinhalten kurze Botschaften aus Wort oder Kurzsatz und Bild an die Bevölkerung. Ihre Themen sind beispielsweise Ideologien, Religionen, Menschenrechte, Fürsprache für benachteiligte Bevölkerungsgruppen, Frieden, Gerechtigkeit und Umweltschutz. Um möglichst viele Menschen zu erreichen, sind politische Graffitis an zentralen, gut einsehbaren Plätzen angebracht.

Eine Variante des **Scratchings** ist das **Etching**, das Anätzen von Scheiben mit Stiften, die mit Flusssäure gefüllt sind. Es kann gesundheitsgefährdend sein. Diese Art entwickelte sich auch um 1995. Jugendliche bearbeiteten so die Fensterscheiben in U-Bahnen in New York. Die **Metropolitan Transportation Authority** musste 1997 dadurch 62.000 Scheiben reparieren lassen. Zur Zeit entstehen ihr jährlich Kosten von 60 bis 65 Millionen Euro.

Graffitis auf Plakaten sind weit verbreitet und beinhalten zumeist kritische Meinungsbekundungen. Abgebildete Personen werden in ihrer Bedeutung herabgesetzt, z. B. auf Wahlplakaten mit Bärten, Hörnern oder einem abstoßenden Gesichtsausdruck versehen. Auch werden an dargestellten Produkten aufklärende Information mit Wörtern und Bildern ergänzt.

Extreme Fußballfans gestalten **Ultras-Graffitis**. Der künstlerische Anspruch ist gering. Wichtig ist, als Fan die eigene Mannschaft in beliebigen Formaten an viel frequentierten Stellen hervorzuheben, auch als Wandmalerei.

Bedingt durch die Länge der Haftzeit, dem Bedürfnis nach Kreativität und der Langeweile entstehen an den Zellenwänden die **Gefängnisgraffitis**. Die Inhalte sind oft der eigene Name, Erinnerungen, Erlebnisse, sexuelle Inhalte und Meinungen. Als Werkzuge dienen Stifte, Essbesteck, Nägel, Schlüssel und Steinsplitter. Sehr bekannt aus vergangenen Zeiten sind die Graffitis (Foto), die Studenten während ihrer Haft in dem Karzer ihrer Universität schufen.

Ganggraffitis entstanden um 1930 in den USA. Los Angelos war dafür eine Metropole. Es sind einfache Schriftzüge mit und ohne Zeichen, mit denen Gangs für andere Gangs ihr Revier sichtbar markierten. Ein Übermalen der Graffitis konnte einen Bandenkrieg auslösen.

Klograffitis gab es bereits in der Antike. Sie sind ohne künstlerischen Anspruch fast immer in öffentlichen Toiletten zu finden und bilden immer wieder einen einfarbigen Komplex aus einfach gestalteten Buchstaben, Sprüchen, Witzen, Zeichnungen im Kritzelstil. Gefertigt werden sie bevorzugt mit einem dunklen Stift oder mit einem spitzen, harten Gegenstand als Ritzung.

- Nenne Inhalte der **politische Graffitis**.
- Warum werden sie an zentralen, gut einsehbaren Plätzen angebracht?
- Erkläre **Etching**.
- In welcher Zeit entstand die Art?
- In welchen Verkehrsmitteln wurde sie angewandt?
- Warum werden Personen als **Graffiti auf Plakaten** gelegentlich mit Bärten, Hörnern oder einem abstoßenden Gesichtsausdruck dargestellt?
- Erkläre **Ultras-Graffitis**.
- Zähle Werke auf, mit denen **Gefängnisgraffitis** hergestellt werden.
- Welche Inhalte werden mit ihnen dargestellt?
- Beschreibe die Funktion von **Ganggraffitis**.
- In welchem Stil werden **Klograffitis** gefertigt?

- Schneide die Faust mit der Schere aus und klebe sie auf ein Zeichenblockblatt.
- Gestalte ein politisches Graffiti zu einem wichtigen Thema deiner Wahl im Hochformat, zum Beispiel Umweltschutz oder Frieden. Benutze Pinsel und Tuschfarben.
- Stelle dein fertiges Bild aus, sodass viele andere Mitschüler es sehen können.

Streetart und Urban Art

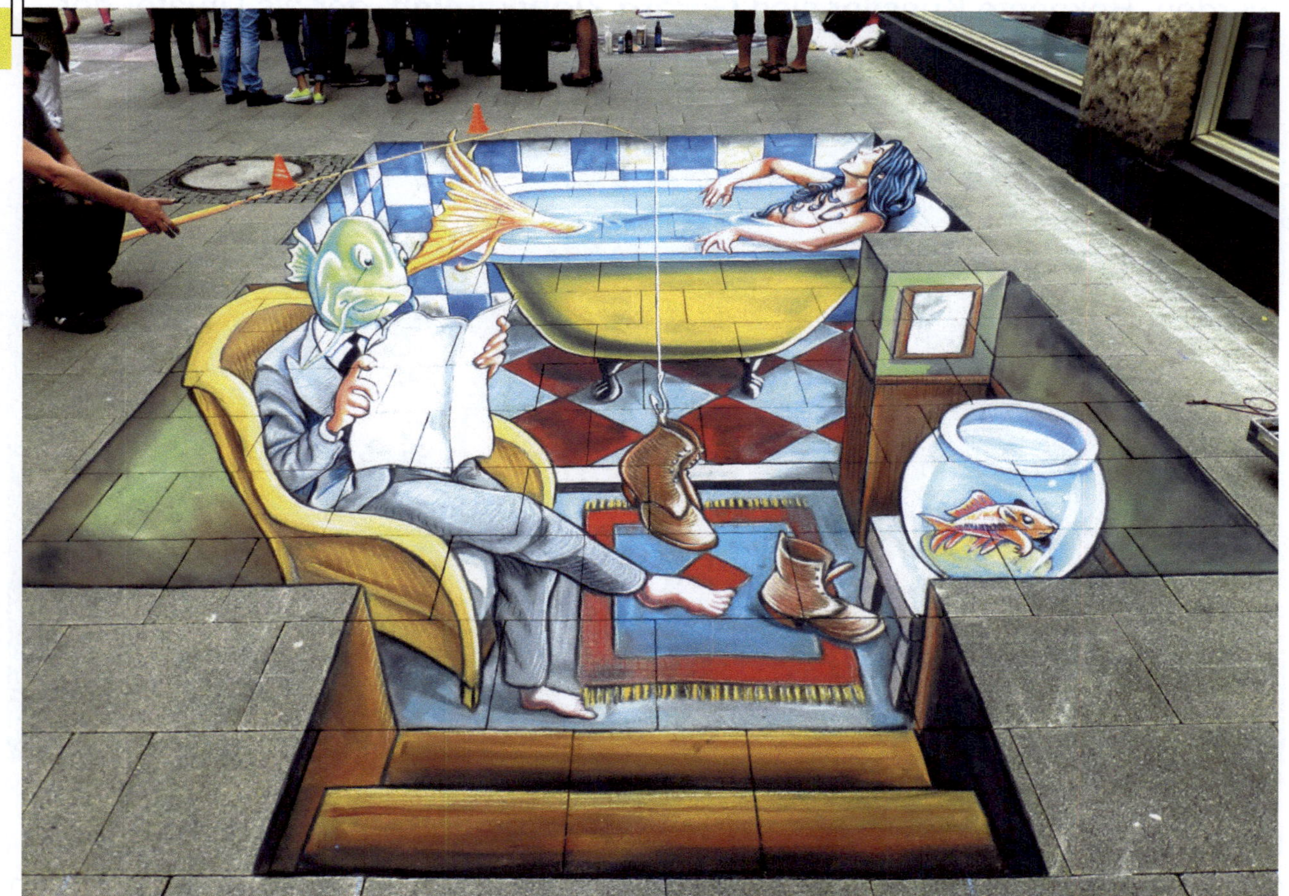

Streetart, Straßenkunst (Foto), und **Urban Art**, städtische Kunst, beinhalten verschiedene Techniken, Materialien, Formen und Inhalte. In den Medien werden sie immer seltener unterschieden und gelegentlich mit **Graffitis** gleichgesetzt.
Die Bildanteile sind größer als die Buchstaben- oder Wortanteile. Zumeist gibt es nur das Bild. Viele Künstler kommen aus der Graffitiszene und umgekehrt. Sie benutzen gleiche Arbeitsmaterialien, zum Beispiel Marker, Pinsel, Rollen und Sprühdosen. Die Untergründe können Wände, Böden, Stromkästen, Laternen, Verkehrsschilder, Tore, Brücken, Sitzbänke und Gegenstände sein. Ziel ist, Kunst außerhalb von Museen und Galerien in der Öffentlichkeit zu zeigen.

Streetart findet fast ausschließlich draußen statt und kann nur als Fotografie in Museen und Galerien ausgestellt werden. Sie ist nicht nur in den internationalen Großstädten zu finden, sondern weltweit auch in kleineren Städten. Als sich die Graffitikunst den Städten der USA ausbreitete, entstand sie. Sie kann als Entwicklung aus dem Graffiti gesehen werden. 1968 wurde eines der ersten großen Beispiele in Hamburg an der Großen Freiheit von **Werner Nöfer** und **Dieter Glasmacher** als Wandmalerei geschaffen. Sie gilt als Vorläufer der Streetartbewegung in Deutschland. Ab etwa 2000 hat sie sich zunehmend weiter entwickelt und ist immer häufiger zu sehen. Die meisten Künstler verzichten auf eine konkrete Botschaft in ihren Werken. Nur wenige thematisieren

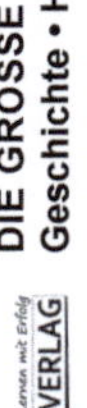

die Gesellschaft, Konsum, Kapitalismus und Politik. Zur Zeit sind raumstarke Bilder und optische Täuschungen beliebt, die meist mit Kreiden angefertigt werden. Bekannte Künstler sind **Gérard Zlotykamien**, der als Urvater der Streetart gilt, **Keith Haring**, **Blek le Rat**, **Harald Naegeli**, **Blu**, **Klaus Paier**, **Banksy**, **John Fekner** und **Os Gêmeos & Nina**.

Mauerblume by LUCKYWALLS

The Rise by THECUT

Urban Art, die auch **Contemporary Art** (UCA) genannt wird, ist ein Oberbegriff für verschiedene Arten von Kunst im Außenbereich in der Stadt und auch im Innenbereich, zum Beispiel in Museen und Galerien. Es gibt keine feste Abgrenzung zu Streetart und Graffiti. Es ist eine moderne junge Kunstrichtung, die im 21. Jahrhundert entstanden ist, die zumeist von in Städten lebenden Künstlern ausgeführt wird und ihre Impulse aus dem städtischen Leben erfährt. 2008 wurden in der **Tate Gallery of Modern Art** in London Werke der international bedeutenden Urban- Art-Künstler gezeigt. Dazu zählten **Os Gêmeos**, **FAILE**, **Blu** und **JR** aus Frankreich. Urban Art ist zumeist Auftragsarbeit. So fertigen die Bremer Agentur **LuckyWalls** und **THECUT** nicht nur überdimensional große Bilder im norddeutschen Raum, sondern weltweit, zum Beispiel in Russland und Panama. Dabei kommen modernste Techniken wie Hebebühnen und Steigerfahrzeuge zum Einsatz.

- Besuche in deinem oder einem anderen größeren Ort Kunstwerke im öffentlichen Raum und betrachte sie.
- Informiere deine Mitschüler über ihren Standort, Inhalt und Stil.
- Zähle mögliche Standortbeispiele von **Streetart** und **Urban Art** auf.
- Welches Werk gilt als Vorläufer der Streetartbewegung in Deutschland?
- Wer wird international als Urvater der Streetart bezeichnet?
- Nenne einen zweiten Namen für Urban Art.
- In welchem Jahrhundert ist Urban Art entstanden?
- Schreibe die Namen von mindestens zwei bedeutenden Vertretern auf.

____

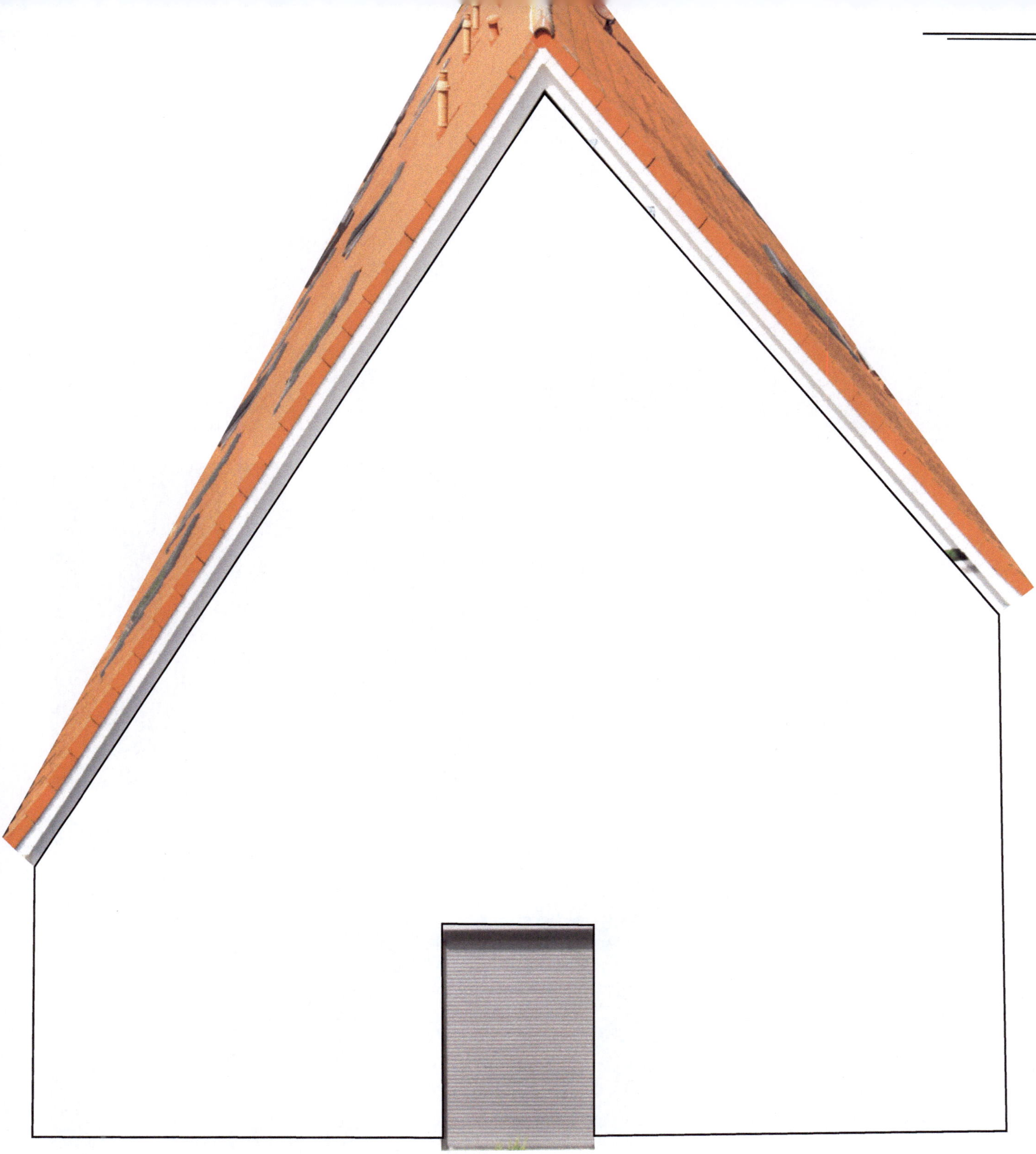

Sei ein Streetartkünstler und gestalte den Hausgiebel mit einem Urwaldmotiv oder einem Motiv deiner Wahl.

Iguana by LUCKYWALLS

Hemera by THECUT

Send me to Space by THECUT

Way Up by THECUT

Mauerblume by LUCKYWALLS

Möwe by LUCKYWALLS

Robin The Grat by LUCKYWALLS

Iguana by LUCKYWALLS

Hummel by LUCKYWALLS

Tag

i

Darryl Mc Gray mit dem Pseudonym **Cornbread** war der erste **Tagger**. Sein **Tag**, Graffitisignatur, verbreitete er in den 1960er Jahren an vielen Stellen in Philadelphia in den USA. Anfangs wollte er die Aufmerksamkeit einer jungen Frau gewinnen, später wollte er bekannt werden. Am Ende der 1960er Jahre breitete sich in New York das **Taggen** intensiv aus. Ein Ziel waren besonders die Fahrgasträume der U-Bahn-Züge.

Das Tag, der Ursprung der Graffitischrift, wird für sich geschaffen oder als die besondere Unterschrift des Künstlers am Rand eines fertigen Graffitis. Viele **Writer** nutzen es, um schnell bekannt zu werden.

Es besteht zumeist aus einfarbigen mit Filzstift geschriebenen oder mit der Spraydose gesprühten Buchstaben. Selten werden Zahlen ergänzt. Jeder Writer hat seinen eigenen Stil und seine Idee, wie sein Tag aussehen sollte. Die Buchstaben können eckig sein oder mit flachen, geknickten, runden oder geschwungenen Bögen versehen werden. Ein Tag kann mit Symbolen und Zeichen erweitert sein. Es wirkt so lebendiger und bedeutungsvoller. Zusätzlich kann es mit einer zweiten Farbe noch einmal etwas versetzt überschrieben werden.

Onliner-Tags werden mit einer Linie hergestellt.

- Erkläre die Begriffe **Tag**, **Tagger** und **taggen**?
- Womit kann ein Tag erweitert werden?
- Wie heißt der erste Tagger?
- Welche Ziele hatte er?

DIE GROSSE GRAFFITISCHULE
Geschichte • Hintergründe • Projekte – Bestell-Nr. 12 798

- Hier siehst du verschiedene Tags, die das Wort **ART** darstellen.
- Schreibe sie in den leeren Feldern nach.

Einfache Druckbuchstaben ART	
Kursive und fette Anordnung ART	
Enge Anordnung und Streckung ART	
Unterschiedliche Größe ART	
Versetzte Anordnung ART	

Weglassen von Buchstabenteilen ART	
Ergänzung von Schatten ART	
Ersatz der geraden Linien durch gebogene ART	
Spiegelung einzelner Buchstaben ART	
Einzelne Linien der Buchstaben verlängern ART	

KOHL VERLAG Lernen mit Erfolg
DIE GROSSE GRAFFITISCHULE

- Schaue dir die Buchstaben und ihren **Style** genau an.
- Schreibe die fehlenden Buchstaben in dem durchgängigen Stil dazu.

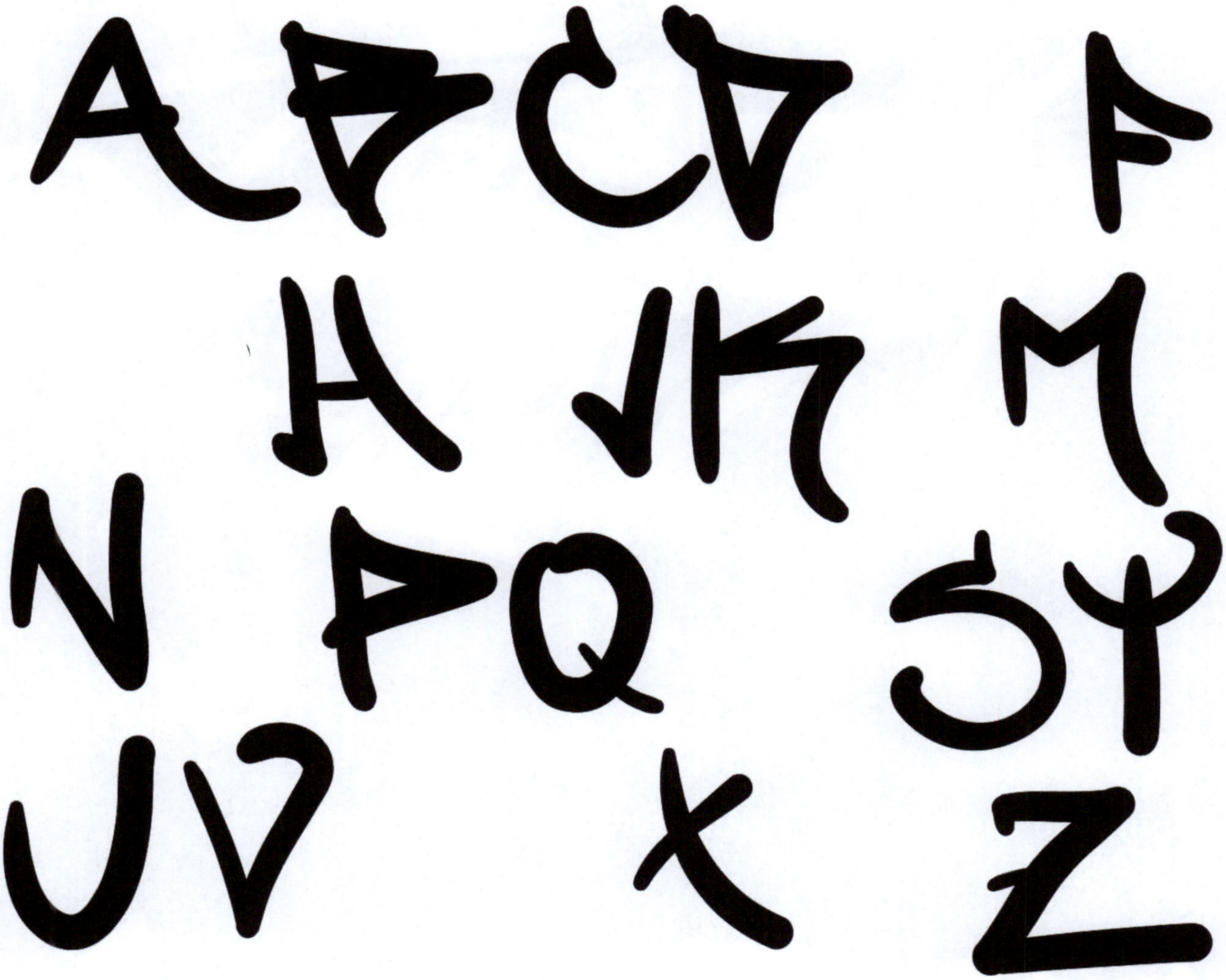

- Schreibe beliebige Wörter in dem Style.

____

____

____

- Klebe ein Blatt Papier an.
- Entwirf ein Alphabet in deinem Style für dein Tag.

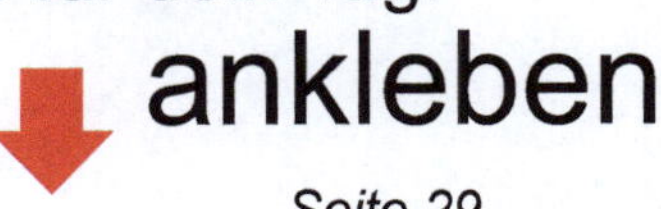

ankleben

KOHL VERLAG
DIE GROSSE GRAFFITISCHULE
Geschichte • Hintergründe • Projekte – Bestell-Nr. 12 798

Spure die Tags in einer Farbigkeit deiner Wahl nach.

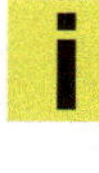

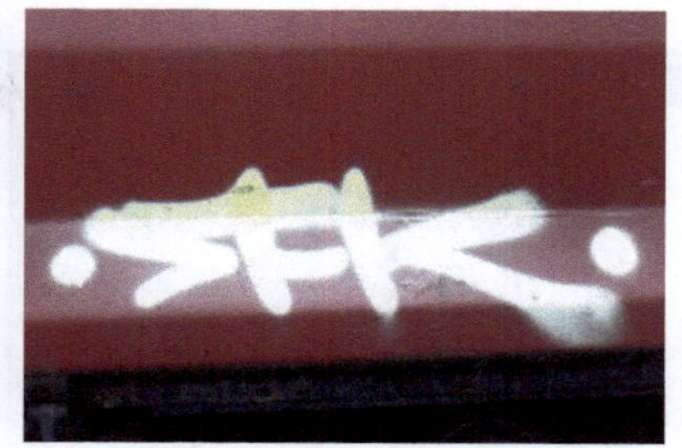

- Entwirf dein Tag zweifarbig mit Zeichen oder Symbolen in mehreren Variationen.
- Klebe ein Blatt Papier für mehr Platz an.

Schreibe gemeinsam mit deinen Mitschülern Tags auf Zeichenblockblättern. Stellt sie an vielen verschiedenen Stellen eurer Schule aus. Fordert weitere Mitschüler auf, ihre Tags dazu zu schreiben.

KOHL VERLAG Lernen mit Erfolg
DIE GROSSE GRAFFITISCHULE
Geschichte • Hintergründe • Projekte – Bestell-Nr. 12 798

FTC
ACAB!

Throw Up

i

Während bei einem Tag die Buchstaben aus Linien bestehen, wird bei einem **Throw Up** (Fotos), **Throw** oder **Throwie**, nur die Umrandung durch Linien dargestellt, deren Stärke variieren kann. Es fehlt der Abstand zwischen den Buchstaben. Sie sind auf das Wesentliche reduziert und können farbig ausgefüllt werden oder einfach unausgefüllt bleiben. Es gibt mehrere verschiedene Variationen von Throw Ups.

Ein Schriftzug aus einfachen, dichen, rundlichen, blasen- oder ballonartigen Buchstaben bilden den **Bubblestyle** (Foto unten). Sie berühren und überschneiden sich. Ihr Inneres kann nur durch Striche angedeutet sein.

DIE GROSSE GRAFFITISCHULE
Geschichte • Hintergründe • Projekte – Bestell-Nr. 12 798

Blockbuster (Foto oben) bestehen aus einfachen geraden und balkenartigen Linien. Sie wirken blockartig und haben keine oder kaum Schwünge und Rundungen. Es gibt keine Überlappungen. Sie sind groß, gelegentlich plastisch, füllen viel Fläche aus und sind von Weitem gut wahrnehmbar.

Ein **Schraffo** oder **Schraffi** (Foto unten links) ist ein Throw Up, das keine flächige Farbfüllung enthält, sondern eine grob schraffierte.
Ein **Hollow** (Foto unten rechts) ist ein Buchstabenkomplex, der nur aus einer Umrandung besteht und keine eigene Farbfüllung enthält. Diese Art von Graffiti wird auch **Outliner** genannt.

- Nenne zwei andere Begriffe für **Throw Up**.
- Zähle die wesentlichen Merkmale von Bubble Style und Blockbuster auf.
- Welches Throw Up hat eine grob schraffierte Farbfüllung?
- Unterstreiche die richtige Eigenschaft:
  Die Buchstaben eines **Hollows** haben eine/keine Farbfüllung.

Bezeichne die Throw Ups richtig: **Bubblestyle**, **Blockbuster**, **Hollow** oder **Schraffur**.

Beachte, dass es Throw Ups gibt, zu denen mehr als eine Bezeichnung passt.

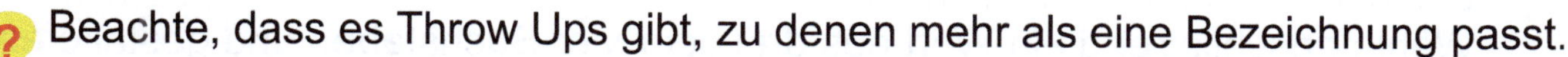

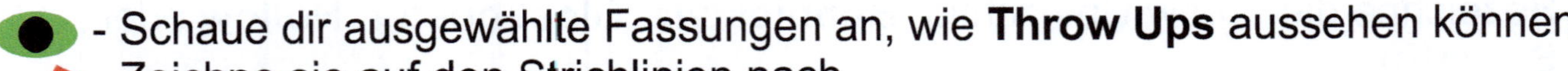

- Schaue dir ausgewählte Fassungen an, wie **Throw Ups** aussehen können.
- Zeichne sie auf den Strichlinien nach.
- Wähle anschließend ein Wort aus drei oder vier Buchstaben und gestalte es in jeder Fassung daneben nach.

Wähle ein Wort und gestalte es in einer der Fassungen oder in einer von dir ausgedachten mit Pinseln und Tuschfarben auf einem Zeichenblockblatt.

Unterschiedlich dicke Umrandungen

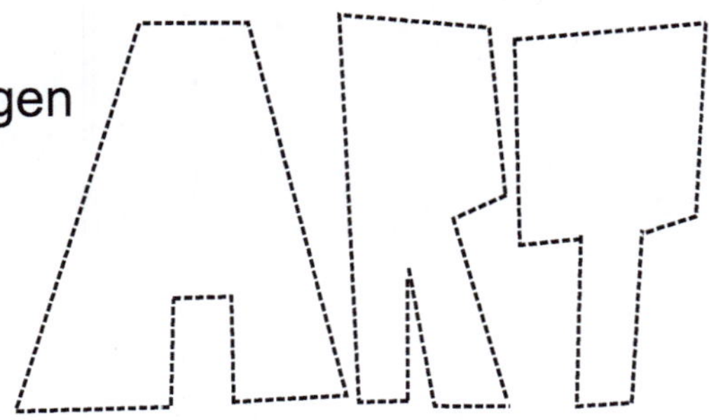

Ineinander geschobene und versetzte Buchstaben

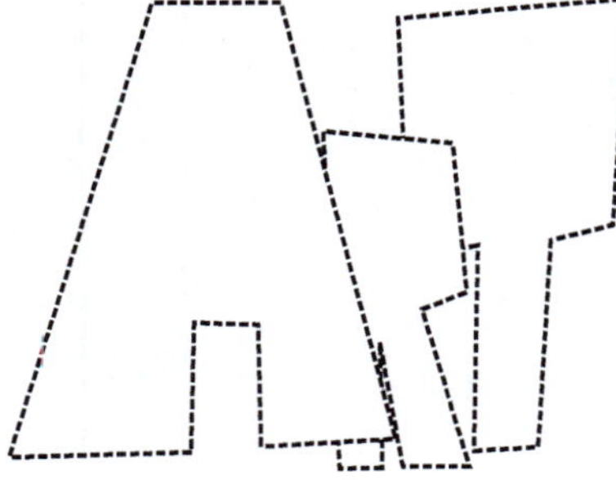

Abgerundete Ecken der Buchstaben

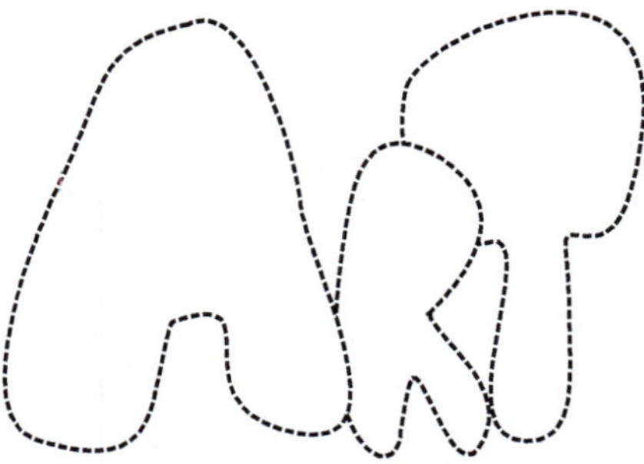

Ineinander laufende Umrandungen

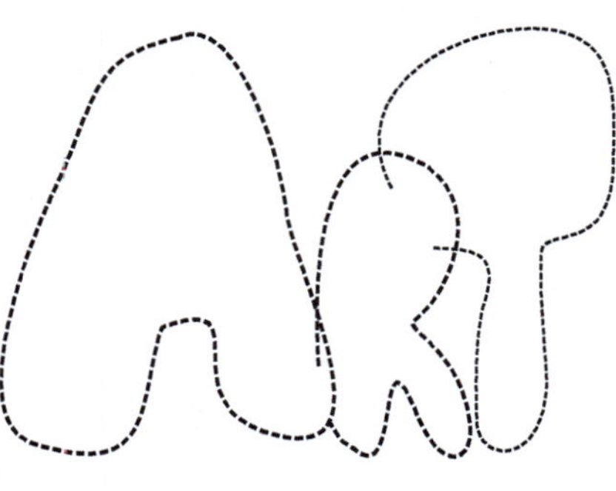

Zugespitzte Ecken der Buchstaben und ineinander laufende Umrandungen

- Hier erfährst du eine Anleitung für die Gestaltung von einfachen Buchstaben im **Bubble Style**.
- Überlege dir ein kurzes Wort aus bis zu 6 Buchstaben und kopiere es dann daneben nach den einzelnen Schritten.

1. Fange mit einfachen großen Druckbuchstaben (Arial) an. Schiebe sie so ineinander, das sie sich berühren. Benutze einen Bleistift.

2. Umkreise die einzelnen Balken und Rundungen der Buchstaben mit dem Bleistift mit ovalen Formen, die sich überlappen sollen.

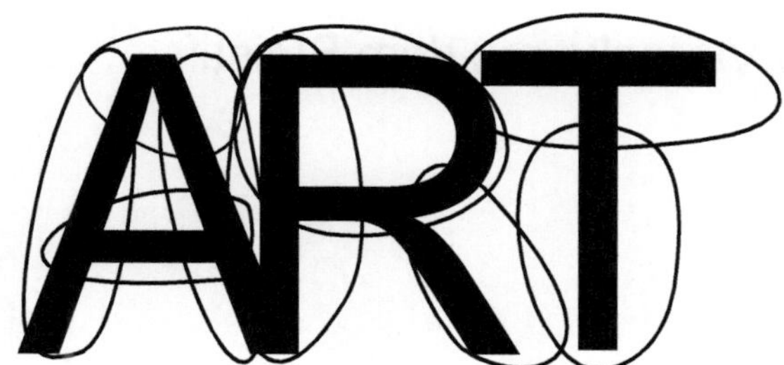

3. Umrande die Buchstaben auf den ovalen Vorgaben mit einem Filz- oder Faserstift so, dass der erste Buchstabe vor dem zweiten, der zweite vor dem dritten usw. stehen. Radiere die Bleistiftdarstellung weg.

4. Gestalte mit dem Filz- oder Faserstift Randeffekte an ausgewählten Seiten durch Verdickungen. Dabei entstehen Schlagschatten.

- Zeichne ein Wort im Bubble Style auf ein Zeichenblockblatt.
- Gestalte es farbig mit Pinseln und Tuschfarben.

- Hier erfährst du eine Anleitung für die Gestaltung von einfachen Buchstaben im Stil des **Blockbusters**.
- Überlege dir ein kurzes Wort aus bis zu fünf Buchstaben und kopiere es dann daneben nach den einzelnen Schritte.

1. Zeichne einfache, große und transparente Druckbuchstaben (Arial) mit dem Bleistift. Sie müssen einen gleichen Abstand zueinander haben.

2. Ergänze an ihren Enden gleich große Vierecke mit dem Bleistift.

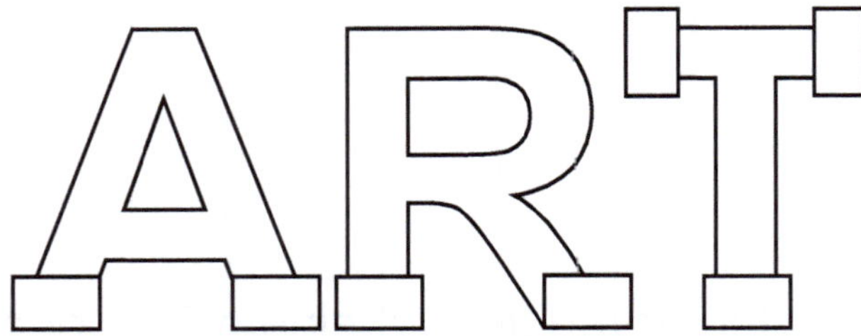

3. Umfahre die äußere Form mit einem dünnen schwarzen Filzstift. Radiere die Bleistiftdarstellung weg.

4. Gestalte mit dem Filzstift Schatten.

- Zeichne ein Wort im Stil eines Blockbusters auf ein Zeichenblockblatt.
- Gestalte es einfarbig oder farbig gemustert mit Pinseln und Tuschfarben.

- Bestimme den Stil der Buchstaben
- Klebe ein Blatt Papier an.
- Ergänze die fehlenden Buchstaben.

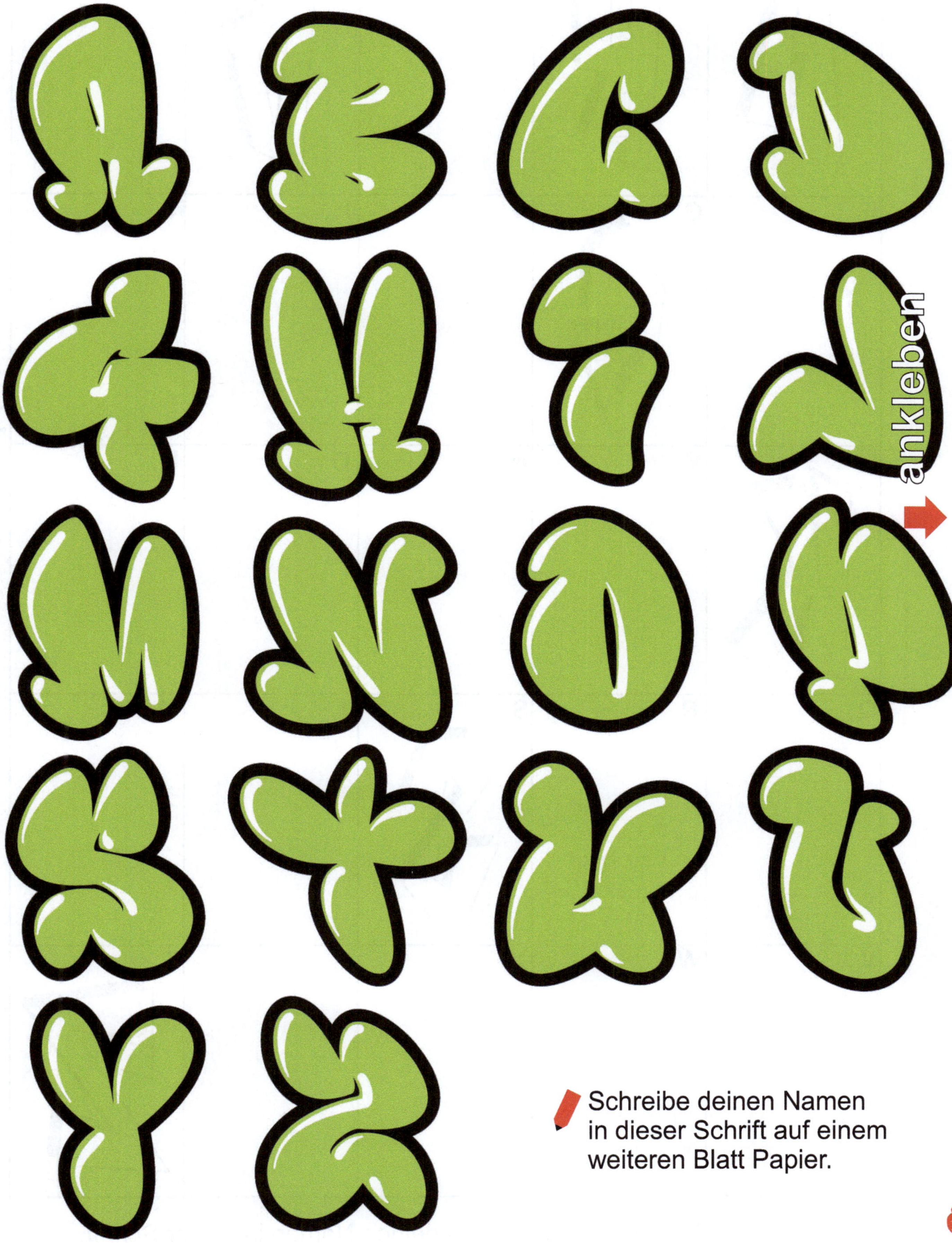

ankleben

Schreibe deinen Namen in dieser Schrift auf einem weiteren Blatt Papier.

- Bestimme den Stil der Buchstaben
- Ergänze die fehlenden Buchstaben.

A 	B 	C	D 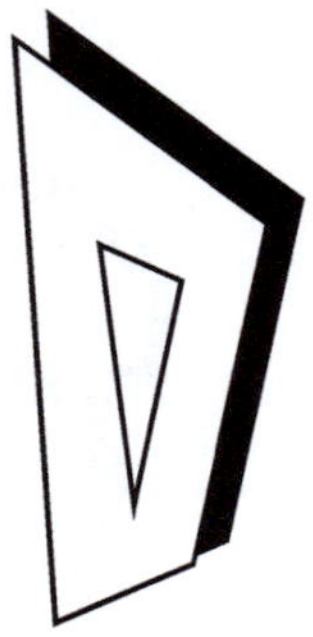	E
F	G 	H	I	K
L 	M	N	O	P
Q	R	S 	T	U
V	W	X	Y	Z 

ankleben

Klebe ein Blatt Papier an und gestalte deinen Namen in dieser Schrift.

DIE GROSSE GRAFFITISCHULE

Du und deine Mitschüler sollen aus dieser Abbildung eine Graffitischrift wählen oder eine eigene entwerfen und den eigenen Namen oder ein wichtiges Wort auf einer Tapetenbahn mit Pinseln und Tuschfarben gestalten.

Piece

i

Das **Piece** oder die Steigerung **Masterpiece** bedeuten bestes Stück. Gemeint ist das farbige Graffiti, das beispielsweise mit Farbverläufen, Schatten und Plastizität aufwändiger als ein Throw Up gestaltet ist. Buchstaben und Wörter im realistischen oder abstrakten Stil bilden den Hauptinhalt.
Abhängig von der Komplexität werden **Simple Style**, **Semi Wildstyle** und **Wildstyle** grob unterschieden. Ihre Grenzen zueinander sind fließend.
Im **Simple Style** werden die Buchstaben (Foto unten links) aufwändiger, aber lesbar geschaffen. Sie können sich überschneiden und zueinander neigen.
Der **Wildstyle** zeigt verformte, miteinander verbundene oder verschlungene nicht oder schwer lesbare Buchstaben (Foto oben). Sie wirken abstrakt.
Der **Semi Wildstyle** (Foto unten rechts), der sich nicht immer eindeutig vom Wildestyle abgrenzt, hat noch lesbare und weniger verfremdete Buchstaben.

Die Buchstaben, der Begriff oder weitere Inhalte haben zumeist eine, zwei oder mehr Umrandungen (Fotos unten). Es sind die **Outlines**, **first Outline** oder **second Outline**. Sie sorgen dafür, dass das Dargestellte gut erkennbar ist. Buchstaben werden so klar hervorgehoben und sind sehr gut lesbar. Sie sind gleichmäßig oder ungleichmäßig umrandet. Durch eine ungleichmäßige

Umrandung gewinnt der Buchstabe Spannung und seine Proportionen können zusätzlich betont und verändert werden. Auch kann eine unterschiedlich starke Plastizität erzeugt werden. Viele Graffitis haben aus Kontrastgründen weiße oder schwarze Outlines.

Der Sprühkopf einer Spraydose, **Cap**, und sein Abstand und Winkel zur Arbeitsfläche bestimmen die Stärke der Outlines. Für eine dünne Umrandung sorgen **Skinny Caps** und für eine dickere **Fat Caps**.

Die Bezeichnung **Fill-in** bedeutet die Füllung des Buchstabens, der Inhalte oder der Fläche bei einem Graffiti. Es ist die Fläche innerhalb der Outlines. Um die Flächen besonders gleichmäßig und schnell zu füllen, sind Spraydosen mit den Fat Caps geeignet.

Das Fill-in folgt zumeist nach dem Aufbringen der Outlines (Fotos oben). Sehr wichtig ist dabei, nicht in sie hineinzunebeln.

Fill-ins können ein- und mehrfarbig. Bei einer Mehrfarbigkeit kann mit Farbübergängen, **Fadings**, gearbeitet werden. Es können auch gleichmäßige oder ungleichmäßige Muster oder fantasievolle Inhalte (Foto unten) eingesetzt werden.

Ein **Background** (Foto oben), Hintergrund, kann komplett einfarbig, gemustert, abstrakt oder auch ein weiterer Inhalt sein, zum Beispiel eine Landschaft oder Szene. Beliebte Elemente im Background sind Pfeile oder Bubbles. Er kann die Wirkung des Graffitis stärken, den Vordergrund hervorheben und Lücken zwischen den Inhalten und den Buchstaben füllen. Es ist sinnvoll, den Hintergrund als erstes zu sprühen und diesen wie den Rest des Bildes vorwiegend von oben nach unten zu bearbeiten.

Characters (Foto unten) sind alle Arten von Illustrationen. Sie können im

Hintergrund, auf dem Vordergrund oder seitlich als Dekoration, Stilmittel oder als Übersetzung oder Wiederholung von Botschaften oder Verstärkung von Emotionen und Handlungen.

Sie können auch mit Buchstaben oder abstrakten Schriftzügen (Foto) gleichwertig oder als Schwerpunkt sein. Auch können sie allein den Bildinhalt darstellen. Characters sind vielfältig. Sie sind abgezeichnete oder neu entworfene Comicfiguren, Monster, Tiere, Menschen, Gegenstände, Pfeile und andere Zeichen. Unter den bereits vorhandenen sind besonders die Disneyfiguren beliebt.

- Erkläre die Begriffe **Piece**, **Outline**, **Fill-in**, **Background** und **Character**.
- Mit welchen Sprühköpfen lassen sich dünne und dickere Outlines erzeugen?
- Unterstreiche die am häufigsten gewählte Reihenfolge bei der Herstellung eines Graffitis:
  Zuerst wird das Fill-in gesprüht.
  Zuerst werden die Outlines gesprüht.
- Nenne Funktionsbeispiele für einen Background.
- Welche Illustrationen werden für Characters gerne gewählt?
- Welche Characters sind besonders bei den Künstlern beliebt?

Die Fotos zeigen dir einen Schriftzug im Stil des **Blockbusters** mit gleichmäßiger Outline (Foto links) und einen im **Bubble Style** mit ungleichmäßiger Outline (Foto rechts).

Trage den Stil der beiden Buchstaben ein.

______________________ ______________________

- Entwirf Buchstaben in den beiden Stilen mit jeweils zwei Outlines.
- Klebe ein Blatt Papier für mehr Platz an.

ankleben

Für einen **Background** können verschiedene Strukturen und Muster eingesetzt werden.

Entwirf weitere Strukturen und Muster.

- Vervollständige das Graffiti im **Simple Style**, indem du **Characters** und einen **Background** ergänzt.
- Male alles an.

DIE GROSSE GRAFFITISCHULE

- Vervollständige das Graffiti im **Semi Wildstyle**, indem du **Characters** und einen **Background** ergänzt.
- Male alles an.

- Vervollständige das Graffiti im **Wildstyle**, indem du **Characters** und einen **Background**.ergänzt.
- Male alles an.

Entwirf ein Graffiti im **Simple Style**, **Semi Wildstyle** oder **Wildstyle**.
Gestalte es mit Pinseln und Tuschfarben im Großformat auf einer Tapetenbahn.

2016

Aussehen und Wirkung

i Die Wirkung von Graffitis ist sehr unterschiedlich. Sie ist zum Teile abhängig vom Inhalt, Stil, von der Farbe, Technik, Ausführung und auch der unmittelbaren Umgebung. Viel Wirkungseinfluss haben die Buchstaben.

Die runden Formen wirken weich. Dynamik entsteht, wenn die Buchstaben kursiv sind.

Schwünge und Bögen vermitteln Eleganz und eine angenehme Weichheit.

Gerade Linien in senkrechter, waagerechter und schräger Position wirken hart und mächtig.

Eine schräge Lage des Schriftzuges mit spitz zulaufenden Ecken und Kanten wirkt warnend und aggressiv. Ein Gefühl von Gefahr kann vermittelt werden.

- Schaue dir das Graffiti genau an.
- Beschreibe seinen Inhalt, Farbe, Stil und Wirkung.
- Mache mit deinen Mitschülern eine Rally durch euren Ort oder eine nahe gelegene Stadt und fotografiert Graffitis.
- Beschreibt sie anschließend.

DIE GROSSE GRAFFITISCHULE

Überlege dir für die Schrift eine Farbigkeit und male sie aus.

- Klebe ein oder zwei Blätter Papier an.
- Male das Graffiti im gleichen Stil weiter.

ankleben

- Klebe den Graffitiausschnitt auf ein Zeichenblockblatt.
- Erweitere ihn mit Pinseln und Tuschfarben auf die gesamte Papierfläche.

Ausrüstung und Material

i

Für Graffitiarbeiten werden besondere Arbeitsmittel und Materialien. Dazu gehört auch Schutzmaterial (Foto oben). Wichtige Mittel sind ein Stift und ein **Blackbook** oder **Piecebook**, in das alle Ideen für ein Graffitibild skizzenhaft festgehalten werden, bevor es in einem großen Format an einer Wand gestal tet wird. Auch Fotos können eingeklebt werden. Ein Buch oder Heft ohne Fotos ist das **Sketchbook**. Mit speziellen wasserunlöslichen **Kreiden** oder **Graffitistiften** (Foto oben) kann das Motiv an der Wand vorgezeichnet werden.

Mit **Sprühdosen** (Foto unten links), mit Lack gefüllte Druckbehälter, mit dünnen und dicken Caps wird die Farbe aufgetragen, die aus dem Ventil tritt. Sie enthält eine hohe Pigmentierung und verbesserte Zusammensetzung des

DIE GROSSE GRAFFITISCHULE
KOHL VERLAG

Lösungsmittels und braucht im Regelfall nur einmal aufgetragen werden. Sprühdosen sind mit unterschiedlichen Druckverhältnissen erhältlich. Ein hoher Druck gibt viel Farbe frei, sodass große Flächen schnell ausgemalt werden können und dicke Striche dargestellt werden können. Ein niedriger Druck sorgt für dünne Striche.

Abhängig vom Innen- und Außenbereich werden **Fassaden-** und **Dispersionsfarben** benötigt. Auch **Acrylfarben** können zum Einsatz kommen.

Pinsel und **Farbroller** in verschiedenen Größen dürfen nicht fehlen.

Abklebeband ist notwendig, um scharfe Kanten darzustellen.

Da während des Sprühens Farbnebel entstehen, die beim Einatmen gesundheitsschädlich sind, ist es notwendig, eine **Atemschutzmaske** zu tragen.

Die eigene Kleidung, Kopf und Hände können durch **Handschuhe**, eine **Kopfbedeckung** und einen **Schutzanzug** oder **alter Kleidung** geschützt werden.

Ältere oder gebrauchte **Schuhe** sollten getragen werden.

Auch eine klarsichtige, seitlich schließende **Brille** ist notwendig. Die Augen müssen unbedingt vor direkter Farbeinwirkung und Farbnebel geschützt werden.

Der Boden und die weitere Umgebung sollten durch ein **Malerflies** oder eine **Abdeckplane** aus Plastik, Stoff oder Papier bedeckt werden.

Für ein Motiv für ein Stencil ist die Anfertigung von einer oder mehreren **Schablonen** erforderlich.

Für höher gelegene Bildflächen kann es notwendig sein, eine **Leiter** oder ein **Gerüst** einzusetzen. Auch ein **Steigerfahrzeug** mit Fahrer kann erforderlich sein.

Jede Menge **Putzlappen** zum Entfernen von Farbe und Säubern sollten zur Verfügung stehen.

Nach der Benutzung muss die Ausrüstung hinsichtlich weiterer Einsätze gepflegt und geordnet werden. Leere Spraydosen werden entsorgt und Pinsel werden gesäubert.

- Warum braucht die Farbe aus Spraydosen nur einmal im Regelfall aufgetragen werden?
- Beschreibe den Unterschied zwischen hohem und niedrigem Druck in den Spraydosen.
- Wann sollte Klebeband eingesetzt werden?
- Erkläre die Notwendigkeit einer Atemschutzmaske.
- Wodurch kann ein Schutzanzug ersetzt werden?
- Wie können die Augen geschützt werden?
- Für welche Graffitiart sind Schablonen erforderlich?
- Zähle drei Hilfen auf, mit denen höher gelegene Bildflächen erreicht werden können.
- Setze den richtigen Begriff ein:

Zum Entfernen von Farbe und Säubern sollten ____________________ zur Verfügung stehen.

Zeichne oder schreibe das auf, was fehlt, die Bezeichnung, das Material und die Schutzausrüstung. Male die Zeichnungen an.

Skizzenbuch (Blackbook, Sketchbook)	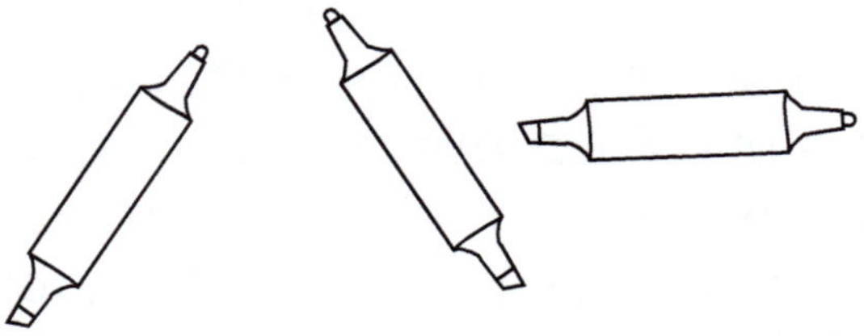
Sprühdose, Pinsel, Farbroller	Kopfbedeckung
Handschuhe	Brille
Abdeckfolie, Malerflies	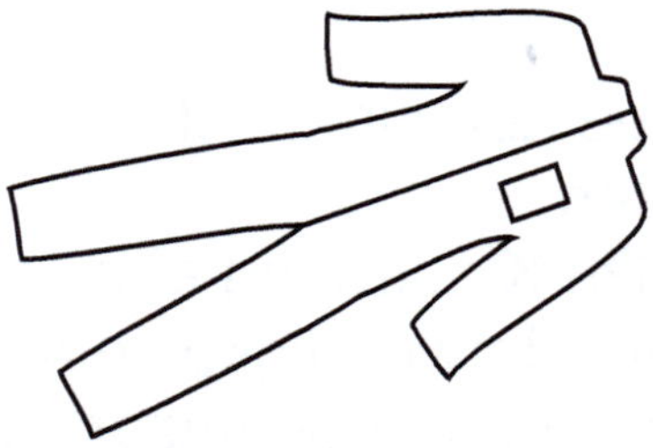
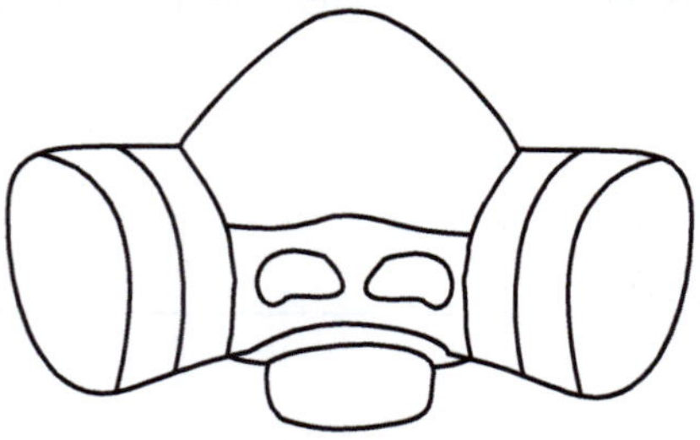	Schablone

Vorbereitung

Bevor Schüler mit einer Graffitiarbeit auf einer Fläche im Innen- oder Außenbereich ihrer Schule oder Umgebung beginnen, sollten sie die Grundlagen aus diesem Lehr- und Lernwerk erfahren und alle oder einen Teil der Praxisaufgaben ausgeführt haben. Eine Rallye durch die eigene oder eine andere Stadt zu den Graffitiwerken im öffentlichen Raum, ein Besuch eines Museums, einer Galerie oder eines Graffitikünstlers bei seiner Arbeit können ergänzt werden.

Anschließend einigen sich die Schüler auf ein Thema und fertigen Skizzen in ihrem **Blackbook** oder **Sketchbook** an. Besprechungen folgen, in deren Verlauf die beste Skizze ausgewählt wird. Unter Berücksichtigung weiterer Verbesserungsideen und der passenden Farbauswahl wird sie bis zu einer endgültigen Version weiter bearbeitet. Für ihre Umsetzung muss spätestens jetzt eine geeignete Fläche gefunden werden.

Für die Fläche im Innenbereich, Unterrichtsraum, Flur oder Treppenhaus, muss geprüft werden, inwieweit dann die Arbeit den Schulbetrieb für andere Schüler beeinträchtigen kann, ob die Lüftungsverhältnisse ausreichend sind, ob genügend Platz für die Lagerung von Materialien vorhanden ist und ob die Fläche für das Motiv und die Anzahl der arbeitenden Schüler groß genug ist.

Für den Außenbereich ist das Gleiche zu beachten. Zusätzlich müssen die richtigen Wetterverhältnisse abgewartet werden. Wichtig ist, daran zu denken, dass bei niedrigen Temperaturen der Druck in den Spraydosen geringer ist, die Trocknungszeit der Farbe sich verlängert und sich **Drips**, Tropfen, bilden können. Auch der Wind kann Einfluss auf die Sprührichtung nehmen.

DIE GROSSE GRAFFITISCHULE
Geschichte • Hintergründe • Projekte – Bestell-Nr. 12 798

Der Untergrund kann eine Holz-, Lein-, Folien-, Kunststoff-, Putz- oder Klinkerwand sein. Ein Boden aus vielen unterschiedlichen Materialien kann auch die Gestaltungsfläche sein. Die Qualität und die Notwendigkeit der Ausbesserung von schadhaften Stellen ist zu überprüfen. Manche Flächen müssen zuvor gesäubert, gespachtelt, grundiert und übergestrichen werden. Das Streichen geschieht schnell mit einem Roller und einer Verlängerungsstange.
Die Größe der Schülergruppe und das zu gestaltende Motiv müssen zueinander passen. Auch muss die Klasse und Gruppe zuvor strukturiert werden. Jeder Schüler sollte für eine Aufgabe verantwortlich sein. Nicht sprühende oder malende Schüler können die Dokumentations- und Pressearbeit übernehmen.
Verhaltens- und Arbeitsregeln werden besprochen und vereinbart. Jeder muss wissen, dass die Spraydosen mit den passenden Caps an der richtigen Stelle bereit stehen und vor der Nutzung geschüttelt werden müssen. So wird die Farbe für den passenden Farbton gut durchgemischt, der richtige Druck erzeugtt und die Verstopfung der Caps vermieden. Auf Pappe oder Papier wird zuvor ein Sprühstoß und der Druck getestet. Sollte das Cap blockieren, empfiehlt es sich, noch einmal zu schütteln und wiederholt zu pumpen
Beim Freihandsprühen gilt, eine lockere Position einzunehmen, die Dose im rechten Winkel zur Wand zu halten, einen kleinen Abstand für dünne Linien, einen größeren für dickere Linien und Flächen zu halten, ein zügiges Sprühtempo zu wählen und auf die Deckung, Trocknung und Aushärtung der Farben zu achten. Wenn der Winkel und der Abstand der Dose zur Wand oder das Sprühtempo verändert werden, kann beispielsweise eine Linie abbrechen. Für das Herstellen von Fadings ist es wichtig, die Spraydose flachwinklig zur Wand zu führen.
In der nachfolgenden Umsetzungsphase wird die endgültige Entwurfsversion möglichst freihändig auf die Fläche übertragen. Hauptinhalte werden mit Klebeband verdeutlicht.

- Welche Funktion haben das Blackbook und das Sketchbook?
- Warum müssen Spraydosen vor ihrem Einsatz geschüttelt werden?
- Inwieweit ist die Beachtung der Wetterverhältnisse wichtig?
- Berichte, was hilft, wenn das Cap blockiert.
- Zähle Beispiele auf, die beim Freihandsprühen wichtig sind.

Sprache

Im Laufe der Zeit hat sich international in der Graffitiszene und Fachkreisen eine Sprache mit zunehmend eigenen Ausdrücken entwickelt, die weltweit gelten. Da moderne Graffitis in den USA erstmals aufkamen, stammen sie hauptsächlich aus dem amerikanischen Englisch, deren Ursprung die englische Sprache ist.

All City King Sprüher, dessen Werke an vielen Stellen im Ort präsent sind.
Background Hintergrund.
Backpiece Aufgetragenes Motiv auf dem Jackenrücken zur Erkennung.
Battle Wettbewerb zwischen Personen oder Gruppen, die Graffiti herstellen.
Biten Ideenklau.
Blackbook oder **Piecebook** Skizzen- oder Entwurfsbuch.
Block Element, das Tiefenwirkung im Bild erzeugt.
Blockbuster Große, gut zu lesende Buchstaben.
Bombing Schnelles unerlaubtes Sprühen eines wenig aufwändigen Bildes.
Botten Schnelles Verlassen des Arbeitsortes.
Bubbles Blasen oder kreisförmige Flächen.
Bubblestyle Rundliche Buchstaben, die wie aufgeblasen aussehen.
Burner Besonders gelungenes Bild.
Can Sprühdose.
Cap Sprühkopf.
Characters Figürliche Elemente.
Cloud Blasen- oder wolkenartige Elemente.
Comment Kurze Schriftinformation neben oder in einem Werk.
Corner Treffpunkt der Graffitikünstler.
Crew Gruppe von Writern.
Crossen Zerstörung von Graffitis anderer Künstler.
Dessing Muster innerhalb von Buchstaben.
Dissen Jemand herabsetzen.
3D-Style Räumliche Gestaltung der Konturen durch Licht und Schatten.
Drip Verlaufende oder tropfende Farben.
Ehrencodex Regeln in der Graffitiszene.
Fading Sprühtechnik, bei der die Übergänge zwischen Farben fließend sind.
Fame Untereinander Anerkennung in der Graffitiszene.
Fill-in Farbfüllung innerhalb der Buchstaben.
Firstlines Anfangs- oder Ausgangslinien.
Flow Dynamik zwischen Buchstaben und Bildinhalten.
Freestyle Graffiti ohne Vorlage oder sonstiger Planung.
Going Over Übermalen anderer Graffitiwerke.
Hall of Fame Große oder lange, besonders hochwertig bearbeitete Flächen.
Handstyle Besonders kunstvolles Taggen.
Highlights Hervorheben bestimmter Stellen im Bild.
Hot Spot Besonders belebter Ort, an dem gesprüht werden soll.
Kanne Sprühdose.
Killen Übermalen von Bildern eines anderen Künstlers.

Line Bahntrasse.
Legende Ein besonders bekannter und qualifizierter Graffitikünstler.
Letter Buchstabe.
Masterpiece Besonders gelungenes Stück
Message Botschaft.
Mullern Malen gehen.
Mural Aufwändiges Gesamtwerk verschiedener Künstler.
Newcomer Graffitikünstler, der über das Anfangsstadium hinaus ist.
Oldie Angesehener, erfahrener, alter Künstler.
Onliner-Tag Ein in einer Linie geschriebener Tag.
Outliner Bild, das hauptsächlich aus Konturlinien besteht.
Piece Aufwendiges, farbenreiches, großes Graffitiwerk oder nur Graffitiwerk.
Quickpiece Schnell geschaffenes Werk.
Racken Sprühdosen stehlen.
Respect Anerkennung der Werke anderer.
Scouten Wache halten, während ein Graffitibild entsteht.
Sketch Papierskizze.
Skill Fertigkeit beim Sprühen.
Sponge Schwamm, der Farbe zum Auftragen aufnimmt.
Spot Ort der Graffitiaktion.
Stencil Sprühschablone.
Streetbombing Auf offener Straße ein Bild sprühen.
Style Stil.
Swing Geschwungenes Verhältnis der Buchstaben zueinander.
Tag Graffitisignatur.
Taggen Einen Tag herstellen.
Tagger Künstler, der taggt.
Throw Up Schnell geschaffenes Bild. Buchstaben bestehen aus Kontur.
Toy Herabsetzende Bezeichnung für einen Graffitianfänger.
Truck Graffiti auf Fahrzeugen.
Turf Arbeitsgebiet eines Künstlers an einem Ort.
Underground Arbeit im Untergrund, zum Beispiel U-Bahn oder U-Bahnhof.
Wack Schlechtes Werk.
Watchman Jemand, der Wache hält.
Wholecar Ein Fahrzeug, das ganzflächig mit einer Graffitiarbeit bedeckt ist.
Wildstyle Kompliziert und aufwendig aufgebautes Werk.
Wrack Qualitativ schlechtes Werk.
Writer Graffitisprüher.

Schreibe mit deinen Mitschülern Wortkarten mit Graffitibegriffe. Halte sie einzeln hoch. Derjenige, der die meisten richtig aussprechen und die Bedeutung nennen kann, ist Sieger.

Finde beispielsweise im Internet weitere Begriffe aus der Graffitisprache
Schreibe sie mit ihrer Bedeutung hier auf:

Künstler

Es gibt weltweit unzählige Graffitikünstler, deren Arbeiten sich besonders in größeren Städten im Freien und zunehmend auch in Museen und Galerien zeigen. Einige Künstler haben sich international und national einen Namen erarbeitet. In der nachfolgenden Aufzählung sind einige der bedeutendsten Künstler aufgeführt.

Banksy (Foto), vermutlich 1973 oder 1974 bei Bristol in England geboren, hält seinen richtigen Namen und seine bürgerliche Identität geheim. Seine Karriere fing mit einer Schablonentechnik in Bristol und London an. Sehr bekannt wurde er durch viele öffentliche sozialkritische Werke in Städten und auch unautorisiert direkt in Museen. Er fertigte viele Auftragsarbeiten für wohltätige Zwecke. Als Künstler wirkte er in sehr vielen Ländern, zum Beispiel in Australien, Frankreich, Deutschland, Großbritannien, Israel, Italien, Jamaika, Japan, Kanada, Kuba, Mali, Mexiko, Österreich, den Palästinensischen Autonomiegebieten, Spanien und den USA. In London erzielte sein Gemälde **Game Changer** auf einer Auktion die Rekordsumme von etwa 19,5 Millionen Euro. Heute zählt er weltweit zu den bekanntesten Graffitikünstlern.

Der afroamerikanische Maler und Grafiker **Jean-Michel Basquiat**, geboren 1960 in New York und dort 1988 gestorben, lehnte für sich die Bezeichnung **Graffitikünstler** ab. Seine Motive waren durch seine Herkunft geprägt und zeigen Elemente aus dem **Neoexpressionismus** und der **Streetart**. Häufig gestaltete er in seinen Bildern raffinierte Komplexe aus Buchstaben, Wörtern, Zahlen, Piktogrammen, Logos, Symbolen, Karten und Grafiken. Seine Werke waren vielfach an Häuserwänden zu finden.

Blek le Rat, der Begründer und das herausragendste Mitglied der **Stencil Art** im öffentlichen Raum, wurde 1951 in Boulogne in Frankreich geboren und hatte den bürgerlichen Namen **Xavier Prou**. Sein Name, ein Pseudonym, geht auf die bekannte französische Comicfigur **Blek le Rat** zurück. Nach einem Studium an der **École des Beaux Arts** arbeitete er weltweit in zahlreichen Städten, zum Beispiel in Paris, Berlin, London, Neapel, Lissabon, Marrakesch und Buenos Aires. Inspiriert wurde er durch New Yorker Writings, **Andy Warhol** und **Joseph Beuys**.

Gérard Zlotykamien, 1940 in Paris geboren, ist der erste Streetart-Künstler. Seine Arbeitsmittel waren anfangs Kreide und Pinsel und später die Sprühfarben. Die Arbeitsgründe waren hauptsächlich Mauern. Symbolhafte Strichfiguren, die **Éphemères,** waren bis 2003 seine bevorzugten Inhalte. Der Krieg mit dem Atombombenabwurf auf Hiroshima, Faschismus und Kommunismus prägten ihn. Dazu kamen die Diffamierungen durch seine Mitschüler auf Grund seiner jüdischen Abstammung. Er arbeitete in Leipzig, Ost-Berlin, Prag und Johannesburg.

Peter-Ernst Eiffe, der 1941 geboren wurde und 1982 starb, wuchs in Hamburg bei seinen Adoptiveltern auf. Er ist der erste Graffitikünstler in Deutschland. 1968 wurde er in kurzer Zeit in Hamburg berühmt, weil er dort zahlreiche Kachelwände, Briefkästen, Plakate, Straßenschilder und Wände mit einer Vielzahl an Sprüchen versah. Durch seine beigelegte Visitenkarte erhielt er Anzeigen und Rechnungen, auf die er mit Spott, Hohn und Gegenrechnungen reagierte. Sein Leben endete tragisch. Nach einem Aufenthalt in einer psychiatrischen Klinik wegen Depresionen fand man ihn später erfroren und tot.

Seen, 1961 in New York geboren, heißt eigentlich **Richard** (**Richie**) **Mirando** und ist als typischer Repräsentant der Writingkultur anerkannt und wird als **Godfather of Graffiti** bezeichnet. Bereits mit 12 Jahren schuf er sein erstes Bild. Sehr viel Ansehen bekam er in der Graffitiszene dadurch, dass er etwa 200 Fahrzeuge besprühte, zum Beispiel U-Bahnen. Seine benutzten Buchstaben waren gut lesbar. 1979 malte er seine ersten Leinwandarbeiten. Viele Graffitifilme informieren über ihn.

Der 1952 oder 1954 in Vancouver in Kanada geborene Maler und Graffitikünstler **Richard Hambleton** arbeitete später in New York. Er machte sich einen Namen, indem er Kriminalschauplätze in der Öffentlichkeit darstellte. Mit weißer Kreide zeichnete er sehr wirkungsvoll die Mordopfer auf den Boden und spritzte sie anschließend mit roter Farbe als Symbol für Blut über.
Etwa 600 solcher Werke waren bald in den USA und in Kanada zu sehen und erregten viel Aufmerksamkeit. Später schockierte er mit seinen Schattenmännern, **Shadowmen** (Foto), die er mit schwarzer Farbe umrissartig an Wände in Gassen und dunklen Gängen in New York, Paris und Berlin malte.

Robin van Arsdol, 1949 in Dension in den USA geboren, wurde 1973 Mitglied der Streetartszene in New York. Über 100 Graffitis gegen Atomwaffen schuf er. Am Ende der 1970er Jahre waren von ihm über 5000 Graffitis an den Wänden in New York zu sehen. Auch war er in anderen künstlerischen Bereichen tätig, zum Beispiel Bodypainting. Nach seinen Angaben hatten Fernsehserien mit Comics sehr viel Einfluss auf seinen künstlerischen Stil. **Popeye** war seine liebste Comicfigur.

Loomit wurde 1968 in Celle geboren und heißt eigentlich **Mathias Köhler**. Bekannt wurde er 1983, als er in Buchloe im Allgäu den Wasserturm bemalte. 1985 besprühte er mit sechs weiteren Künstlern den **Geltendorfer Zug**. 1995 erlernte er bei dem Graffitikünstler **Seen** in New York das Tätowieren. Viele Länder besuchte er, um Wandbilder zu gestalten. Viele Graffitikünstler beeinflusste er mit seinem Stil und seinen Ideen. Besonders beeindruckte er durch seine planerische Arbeit und Organisation. 2002 wurde ihm der **Schwabinger Kunstpreis** verliehen.

Daim wurde 1971 in Lüneburg geboren und lebt und arbeitet in Hamburg. Sein tatsächlicher Name ist **Mirco Reisser**. Seine großformatigen Arbeiten im 3D-Stil haben ihn bekannt gemacht. Auf Grund seiner Technik zählt er weltweit zu den besten Graffitikünstlern. Oft sind Element wie Pfeile oder Sterne zu entdecken, die er mit weiteren Elementen gekonnt kombiniert. 1989 entstanden seine ersten Arbeiten. Nach einem Kunststudium in Luzern in der Schweiz gründete er die Ateliergemeinschaft **getting-up** in Hamburg. 1995 erhielt er einen Eintrag in das Guinessbuch der Rekorde. Gemeinsam mit **Loomit** und anderen Künstlern schuf er das mit 30 Metern höchste Graffiti der Welt auf einer Fläche von 300 Quadratmetern an einer Hochhausfassade in Hamburg. Über 1000 Sprühdosen wurden dabei verbraucht.

Setze den richtigen Graffitikünstlernamen ein:

__________________ heißt eigentlich **Richard Mirando**.

__________________ startete seine Karriere mit der Schablonentechnik.

__________________ zeichnete Mordopfer auf den Boden.

__________________ schuf **Éphemères**.

__________________ gründete die Ateliergemeinschaft **getting-up**.

__________________ zeigte Elemente aus dem **Neoexpressionismus**.

__________________ gestaltete über 100 Graffitis gegen Atomwaffen.

__________________ erhielt den **Schwabinger Kunstpreis**.

Weitere Künstler

In Deutschland gibt es besonders in den Großstädten viele Graffiti-, Streetart- und Urban-Art-Künstler mit unterschiedlichen inhaltlichen und stilistischen Schwerpunkten.

AKI 183 Einer der ersten urbanen Graffitiwritingkünstler.
ALIAS Berliner Streetartkünstler, der in Stenciltechnik und mit Objekten arbeitet.
A1one Iranischer Streetartkünstler in Essen.
Ains Künstlergemeinschaft aus dem Sauerland.
Antwan Horfee Französischer Graffitikünstler.
Atom One, **Lars Gurofski** Deutscher Rapper und Graffitikünstler.
Herbert Baglione, **Herbert** Brasilianischer Graffitikünstler.
Barbara Streetart- und Aktionskünstlerin, die anonym in vielen deutschen Städten arbeitet.
Thomas Baumgärtel Deutscher Künstler, der als Bananensprayer bekannt ist.
Hendrik Beikirch Graffiti- und Streetartkünstler, auch **ecb** genannt.
Berlin Kidz Systemkritische Künstlergruppe aus Berlin.
Blu Italienischer Streetartkünstler, der in Berlin-Kreuzberg arbeitet.
Bomber Eigentlich Helge Steinmann, ein deutsche Graffitikünstlerin.
Boxi Britischer Urban-Art-Künstler, der in Berlin lebt und arbeitet.
Case, **Andreas von Chrzanowski**. Graffitikünstler mit fotorealistische Arbeit.
CIBO, **Pier Paolo Spinazzé** Streetartkünstler aus Italien, der rechtsextreme Schmierereien übersprüht.
Codeak, **Daniel Man** Britisch-chinesischer Künstler wohnhaft nahe Augsburg.
Darco Deutsch-französischer Graffitikünstler, der in Paris arbeitet.
Dare, **Sigi von Koeding** Schweizer Graffitikünstler und Kurator.
Dondi, **Donald J. White** Einer der bedeutendsten Graffitikünstler.
Brad Downey Amerikanischer Streetart- und Aktionskünstler in Berlin.
Ben Eine Britischer Graffitikünstler und Typograph.
Ericailcane Italienischer Streetartkünstler und Zeichner.
FAILE Amerikanische Künstlergruppe im Bereich Streetart.
Fairey, **Shepard** Zeitgenössischer Streetartkünstler, Grafiker und Illustrator aus der Skateboardszene.
Fekner, **John** Amerikanischer Multimediakünstler, Komponist und Fotograf.
Forty Deutscher Streetartkünstler.
Glasmacher, **Dieter** Streetartkünstler. Wohnhaft nahe Hamburg.
Guetta, **Thierry**, **Mr. Brainwash**. Französischer Streetartkünstler in den USA.
Haring, Keith Amerikanischer Vertreter der Pop Art der 1980er Jahre, beeinflusst durch die Graffiti- und Streetartszene.
Herakut Künstlergemeinschaft **Hera** und **Akut**.
Hesh, **Miroslav Milasinovic** Deutscher Graffitisprayer und langjähriger Partner von **DAIM**.
Hombre SUK, **Pablo Fontagnier** Deutscher Graffitikünstler und Illustrator.
Invader Französischer Streetartkünstler.
Iz de Wiz, **Michael Martin**. Amerikanischer Graffitisprüher.
John, **Don** Dänischer Streetartkünstler.

Keizer Ägyptischer Streetartkünstler.
Klark Kent Graffitikünstler und Musikproduzent.
Sigi von Koeding Schweizer Writingkünstler und Kurator.
Miteff, Fernando New Yorker Sprayer mit dem Tag **Nic 707**, Gründer und erster Präsident der **OTB Crew**.
McGray, Barryl, genannt **Cornbread** Berühmter Tagger aus Philadelphia.
Miller, Ron Deutsches Streetartkünstlertrio.
MOSES & TAPS Deutsche Urbanartgruppe.
Mr. A, André Saraiva, Monsieur André oder **Monsieur A** Französischer Graffiti- und Streetartkünstler.
Mr. Brainwash Französischstämmiger Streetartkünstler.
Mr. Trash, Christian Böhmer Deutscher Streetartkünstler.
Naegeli, Harald Schweizer Streetartkünstler, bekannt durch illegale Wandzeichnungen in Zürich.
Nina, Pandolfo Brasilianische Sprayerin und Frau von Gustavo Pandolfo.
Werner Nöfer Deutscher Künstler. 1968 Wallpaintings in Hamburg und Bremen, sowie Kunst im öffentlichen Raum in Berlin, Bochum, Augsburg, Hamburg.
Obey, Frank Shepard Fairey Streetartkünstler, Grafiker und Illustrator aus der Skateboardszene
Os Gêmeos (deutsch: Die Zwillinge), **Gustavo** und **Otavio Pandolfo** Brasilianische Graffiti- und Streetartkünstler und Zwillinge.
Quinones, Lee Amerikanischer Künstler, bekannt aus dem Film **Wild Style**.
Paier, Klaus Bekannt als Aachener Wandmaler. Deutscher Graffitikünstler.
Rammellzee Amerikanischer Graffitikünstler und Hip-Hop-Musiker.
Reso Deutscher Graffitikünstler und Galerist.
Revok Amerikanischer Graffitikünstler.
RKTone Bekannt als **Daddy Cool**. Deutscher Graffitikünstler.
ROA Belgischer Graffitisprayer.
kaySchwarz157 Deutscher Künstler mit verschiedenen Pseudonymen.
Sascha Düffels Deutscher Graffitikünstler oft mit dem Pseudonym **SATZ**.
Seak Graffitiwritingkünstler.
Stöcker, Peter (THECUT) Künstler und Inhaber der internationalen Agentur **LuckyWalls** für Graffiti und Urban Art in Bremen
Strumbel, Stefan Deutscher Künstler, aus der Graffitiszene kommend.
Lush Sux Arbeitet in Australien.
Tasek, Gerrit Peters Deutscher Graffitikünstler.
Tasso Deutscher Graffitisprüher.
TONA Arbeitet haupstächlich mit Schablonen (Stencil).
Toast, Ata Bozacı Schweizer Graffitikünstler und Grafiker.
Van Ray Deutscher Streetartkünstler.
Various & Gould Deutsches Streetartkünstlerduo.
Vermibus Spanischer Streetartkünstler.
Zahlmann, Heiko Bekannt als **Daddy Cool**. Deutscher Graffitikünstler.
Won ABC, Markus Müller Deutscher Sprayer.
Zebster Deutscher Graffitikünstler.

? Im Internet findest du mehr Informationen zu den Künstlern.

Autor

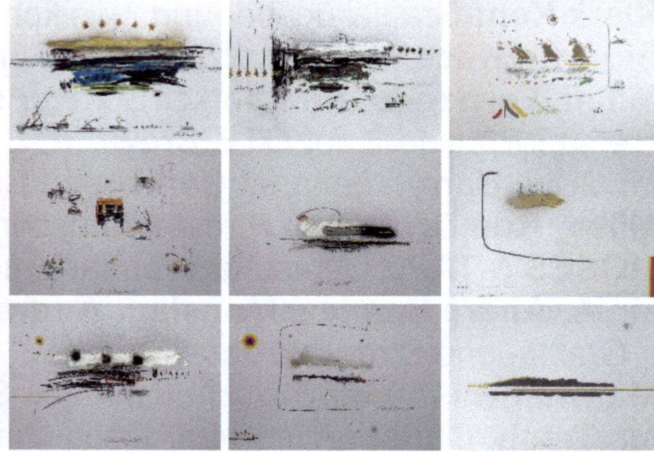

www.teamberger.de teamberger@web.de

Eckhard Berger

Autor, Künstler, Designer, Kunsthistoriker und Kunstreferent
- Geboren am 06.06.1951
- wohnt und arbeitet in Brake/Unterweser
- Kunst-, Pädagogik-, Psychologie- und Soziologiestudium, Universität Oldenburg
- Seit 1987 internationale Kunstausstellungen, Events und Kooperationen mit Künstlern, Galerien und Kulturinstitutionen
- Moderne Grafik, Skulpturen, Kunstkonzepte, Schmuck- und Möbeldesign
- Design der Freizeitmodekollektion ***Segelimagination*** (www.redbubble.com)
- Werke im privaten und öffentlichen Besitz
- Grafikeditionen für Liebhaber und Sammler
- Gründung der Aktion ***Kunst hilft****, Bilderspenden für wohltätige Organisationen und Hilfs- und Umweltprojekte*
- Innovative Förderkonzepte für Kinder und Jugendliche
- Autor von neuartigen Praxisbüchern für den modernen Kunstunterricht in Deutschland, Österreich und der Schweiz, andere Fachbereiche (Psychologie, Wahrnehmung, Kreativität und Ernährung) und für die Freizeit
- Kooperation und gemeinsame Bücher und Publikationen mit der Autorin Barbara Berger
- Vorträge zu populären Pädagogik-, Psychologie-, Kunst-, Kunstpädagogik-, Kunstgeschichts- und Kreativitätsthemen
- Mitwirkung in TV- und Kinofilmen

Über 100 Bücher aus dem Kohl-Verlag verfügbar, u.a.

Farbtopf (Vorschule, GS)
Kunterbunte Farbtopfgeschichten (Vorschule, GS)
Kunststarter (Vorschule, GS)
Konzentrieren können (Vorschule, GS)
Zeichnen können, 4 Bände (Vorschule, GS)
Schwungübungen (Vorschule, GS)
Bunte Farbe (GS)
Kunstwerke für Schulen, 3 Bände (GS)
Kunst fachfremd unterrichten (GS)
Entspannungsmalen (GS)
Kunst in Kürze (GS)
Buchstaben- und Zahlengeschichten (GS)
Zahlen (GS)
Buchstaben (GS)
Kinder fit fördern, 3 Bände (GS)
Kinderkunstland (GS)
Bildstarke Geschichten (GS)
Emmas Kunstentdeckungen, 2 Bände (GS)
Kunst in 3 Niveaustufen (GS)
Anmalen & Weitergestalten für kleine Künstler (GS)
Freies Kreativzeichnen (GS)
Kunstwerke entdecken und anmalen (GS)
Kompetenzförderung Rätseln, zeichnen & anmalen (GS)
Kompetenzförderung Geschichten lesen, zeichnen & anmalen (GS)
Kompetenzförderung Wahrnehmen, sich konzentrieren, zeichnen & anmalen (GS)
Kunstbonbons, 5 Bände (GS)
Kreatives Gedächtnistraining (GS)
Vertretungsstunden Kunst (GS)
Vincent van Gogh - Anmalen und weitergestalten, Schulmalbuch, 24 Bände mit Claude Monet, August Macke, Paul Cézanne, Ernst Ludwig Kirchner, Camille Pissarro, Lucas Cranach, Jan van Eyck, Jean-François Millet, Henri Rousseau, Caspar David Friedrich, Paul Klee, Gustav Klimt, Der Blaue Reiter, Paula Modersohn-Becker, Pieter Bruegel, Paul Gauguin, Albrecht Dürer, Rembrandt, Édouard Manet Leonardo da Vinci, Edgar Degas, Henri de Toulouse-Lautrec, Franz Marc, Jan Vermeer, Peter Paul Rubens, Georges Seurat, Gustave Courbet, Vincent van Gogh, Pierre-Auguste Renoir (GS, SEK)

Superleckere Smoothies, 2 Bände (GS, SEK)
Superleckere Smoothies und Shakes (GS, SEK)
Anmalen und Weitergestalten für kleine Künstler (GS,SEK)
Kunstgeschichte für Kinder (GS, SEK)
Farbe - Komplette Theorie im modernen Kunstunterricht (SEK)
Design - Moderner Kunstunterricht in der Sekundarstufe (SEK)
Moderne Kunst, 3 Bände (SEK)
Künstler in die Klassen, 3 Bände (SEK)
Kunstwerke für Schulen, 3 Bände (SEK)
Kunst in Kürze (SEK)
Kunstauge (SEK)
Kunst COOL, (SEK)
Kunsttipp & Co, 3 Bände, (SEK)
Kunstknaller, 2 Bände (SEK)
Logikrätsel Kunst, 2 Bände (SEK)
Kreuzworträtsel Kunst (SEK)
Emmas Kunstentdeckungen (SEK)
Wir werden Kunstprofi, 2 Bände (SEK)
Kunst fachfremd unterrichten (SEK)
Entspannungsmalen, 2 Bände (SEK)
Internationale Gegenwartskunst (SEK)
Kunst in 3 Niveaustufen (SEK)
Freies Kreativzeichnen (SEK)
Raum und Perspektive (SEK)
Die Kunstepoche Impressionismus (SEK)
Die Kunstepoche Expressionismus (SEK)
Die Kunstepoche Realismus (SEK)
Kreatives Gedächtnistraining (SEK)
Große Kunstgeschichte, 2 Bände (SEK)
Kunstquizzer (SEK)
Vertretungsstunden Kunst (SEK)
Kreative kurze Kunstprojekte (SEK)
Moderne Kunst, 3 Bände (SEK)
Kunstthema Landschaft (SEK)
Kunstthema Alltag (SEK)
Kunstthema Porträt (SEK)
Kunstthema Stillleben (SEK)
Die große Graffitischule (SEK)